Carl Huellen

Der poetische Sprachgebrauch

in den altfranzösischen Chansons de geste Amis et Amiles und Jourdains de Blaivies

Carl Huellen

Der poetische Sprachgebrauch
in den altfranzösischen Chansons de geste Amis et Amiles und Jourdains de Blaivies

ISBN/EAN: 9783743489943

Hergestellt in Europa, USA, Kanada, Australien, Japan

Cover: Foto ©ninafisch / pixelio.de

Manufactured and distributed by brebook publishing software (www.brebook.com)

Carl Huellen

Der poetische Sprachgebrauch

DER POETISCHE SPRACHGEBRAUCH

IN DEN

ALTFRANZÖSISCHEN CHANSONS DE GESTE

AMIS ET AMILES

UND

JOURDAINS DE BLAIVIES.

INAUGURAL-DISSERTATION

ZUR

ERLANGUNG DER PHILOSOPHISCHEN DOCTORWÜRDE

AN DER

KÖNIGL. ACADEMIE ZU MÜNSTER I. W.

VON

CARL HUELLEN

AUS HILBERATH (BEI RHEINBACH).

MÜNSTER.

E. C. BRUNN'SCHE BUCHDRUCKEREI.

1884.

MEINEN LIEBEN ELTERN.

Vorbemerkung.

Die der philosophischen Facultät der Königl. Akademie zu Münster von mir eingereichte Dissertation führte den Titel: „Composition und Stil der altfranzösischen Chansons de geste Amis et Amiles und Jourdains de Blaivies." Aeussere Gründe bewogen mich, nur den letzten Teil dieser Arbeit herauszugeben. Ich beabsichtige jedoch den ersten Teil später in erweiterter Umarbeitung folgen zu lassen.

Bei der Behandlung der beiden Chansons benutzte ich die Ausgabe derselben von Konrad Hofmann: Amis et Amiles und Jourdains de Blaivies. Zwei altfranzösische Heldengedichte des kerlingischen Sagenkreises. Nach der Pariser Handschrift zum ersten Male herausgegeben von Konrad Hofmann. 2. Aufl. Erlangen 1882.

Ueber die Ueberlieferung der Sagen vgl. Koelbing, Zur Ueberlieferung der Sage von Amicus und Amelius in: Paul und Braune, Beiträge zur Geschichte der deutschen Sprache und Litteratur. IV, S. 272 ff. und John Koch: Ueber Jourdains de Blaivies. Ein altfranzösisches Gedicht des kerlingischen Sagenkreises. Königsberg 1875. Die Dissertation von Hugo Klein: Sage, Metrik und Grammatik des altfranzösischen Epos „Amis und Amiles". Bonn 1875, hatte für meine Arbeit keinen Wert.

In Betreff der Anlage und Anordnung des Stoffes verdanke ich manche Winke der Arbeit von Rudolf Grosse: „Ueber den Stil Crestien's von Troyes," in: „französische Studien", herausgegeben von G. Koerting und E. Koschwitz, Bd. I, S. 127—260, sowie den Dissertationen meiner Freunde Carl Holtermann: Ueber Sprache, Poetik und

Stil der altenglischen Gregorius-Legende des Auchinleck-Ms.
Hagen 1882, und Ferdinand Kaulen: Ueber die
Poetik Boileau's. Hannover 1882. Ausserdem benutzte ich:
W. Wackernagel: Poetik, Rhetorik und Stilistik, heraus-
gegeben von Ludwig Sieber, Halle 1873, und F. Brink-
mann: Studien über den Geist der modernen Metaphern.
I. Bonn 1878. Andere von mir benutzte Werke führe ich
bei Gelegenheit an.

An dieser Stelle erlaube ich mir, Herrn Professor
Dr. Koerting zu Münster für die liebevolle Unterstützung,
die er mir bei der Abfassung meiner Dissertation zu Teil
werden liess, meinen herzlichsten Dank auszusprechen.

Capitel I.

Die Redefiguren.

§ 1.

Die Metapher.

Die Metapher ist nach Brinkmann l. c. S. 25 die auf Grund der Aehnlichkeit zweier Begriffe gemachte Uebertragung (Tropus) des Namens des einen auf den andern.

In den beiden zu behandelnden Chansons de geste ist die Metapher ziemlich selten, da sie wegen ihrer Kürze dem breiten epischen Stile wenig behagt.

Metaphorisch gebrauchte Wendungen in unseren Gedichten sind folgende:

a) Der Kampf wird eine Jagd genannt:

*A. 241.[1]) Donz en avez, que tenez prisonniers,
         Qui commencierent ceste chasce premiers.

b) Die Spitze des Heeres nennt der Dichter den Kopf des Heeres:

†J 1992 [1]) Et li reis Marques devant el chief premier.
cf. J. 2018.

c) Einem Abstractum wird Bewegung beigelegt:

α. Der Zeit:

*A. 1584. Quant li vespres aproche;
A. 2101. Ja ne verrez passer mars ne avril;
cf. A. 189. 547, J. 507.

β. Der Verstellung:

†J. 66. El cuer l'en entre merveillouse faintie;
cf. J. 474. 678. 2528.

---

[1]) A. = Chanson de geste „Amis et Amiles." J. = Chanson de geste „Jourdains de Blaivies." — Ausdrücke, die nur in A. sich finden, habe ich mit *, solche, die sich nur in J. finden mit † bezeichnet.

γ. **Dem Tode:**

†J. 674. . . . . mult voz vient aprochier
La vostre mors; cf. J. 2388.

δ. **Der Nachricht:**

J. 3349. Qu'au fil au roi fu la nouvelle alee;
cf. J. 66. 662. 3358. 3358. 3383. 3507. A. 3199.

d) Verhältnismässig häufig sind die aus dem Handelsleben gegriffenen metaphorischen Ausdrücke.

α. **Verkaufen:**

*A. 1546. Chier voz vendrai la soie druerie;
†J. 38. Dist, qu'a Girart le vendera molt chier;
cf. J. 2990—91, 4029.

β. **Teuer sein, teuer zu stehen kommen:**

*A. 272. . . . . tenir me devez chier;
J. 3763. Or vint li termes qu'il le comparra chier;
cf. A. 274. 2203, J. 840. 2134.

γ. **Das Bild des Leihens und Wiedergebens wird gebraucht vom Kampfe zwischen Jourdains und Sortins:**

†J. 1966. Li uns emprunte, li autres va randant.

e) Dem Naturleben sind nur solche Metaphern entnommen, welche sich auf das Wachstum beziehen:

A. 2317. Or croist au conte et painne et encombrier
cf. J. 26. 32. 3779. 3901.

f) Für die Sehnsucht Reniers nach dem Wiedersehen Jourdains gebraucht der Dichter das Bild des Hungers:

†J. 3046. De nulle riens n'oi onques si grant faim
Que de ceste assamblee.

g) Einmal nennt der Dichter fränkische Ritter die Blume Frankreichs:

*A. 1587. La flors de France a Charlon apelle.

h) Für das Aufhören der Freundschaft zwischen Amis und Hardrez wird das Bild des Zerreissens gebraucht:

*A. 1994. Lor amistiez fu moult tost desrompue.

§ 2.
Die Personification.

Eine besondere Art der Metapher ist die Personifi-cation. Die Personification entsteht dadurch, dass etwas

Unpersönliches als bewusste Persönlichkeit aufgefasst wird. Hierher gehören auch die Fälle, in denen Gott, die Heiligen und sonstige überirdische Wesen als nach menschlicher Weise persönlich und handelnd gedacht werden. Diese letztere Gebrauchsweise hat nichts Aussergewöhnliches.

Von unserem Dichter ist die Personification ziemlich häufig und in recht glücklicher Weise angewendet, da er durch sie eine grosse Lebendigkeit der Darstellung erreicht.

1. Gott wird dargestellt als Spender von Verzeihung, Gnade, Segen u. s. w. in den zahlreichen Ausrufungen, Wunsch- und Segensformeln, als Spender des Gegenteils in den Verwünschungen, Flüchen u. s. w.; cf. hierüber § 15, 3 b, 4 und 5.

2. Der Dichter stellt Amis und Amiles wegen ihrer Schönheit und ihrer grossen Aehnlichkeit als Gottes eigenste Schöpfung dar:

*A. 43. Dex les fist par miracle.

Aehnlich verhält es sich mit den hyperbolischen Ausdrücken: Dex ne fist home cui pities n'en preist, A. 186 etc., cf. § 8, 3.

3. Gott wird ferner als persönliches Wesen gedacht in:

†J. 707. Et dex la mist en son saint paradis.

†J. 2295. Dex en ot oingt les flans et les costez;

cf. J. 2688.

4. Wie die Gottheit werden auch die Engel und die Teufel in menschlicher Weise gedacht:

a) Der Engel erscheint als Bote Gottes, mit Gestalt und Sprache ausgerüstet:

A. 20. Si ot uns angres de par deu devise
   La compaingnie . . . .;

cf. A. 1281—83, 1807—10, 2769—70, 2779, 2788 ff. 2795 ff. und 2810 ff. In A. Vers 2813 wird dem Engel das Attribut: „chantant te deum" beigelegt.

In J. ist nur eine Personification eines Engels enthalten:

J. 704. Au redrescier virent le ciel ouvrir
   Et les sains angres et aler et venir
   Qui l'arme an portent dou dammoisel gentil.

b) Der Teufel wird persönlich gedacht:

> A. 1663 Ahi diables! con ancui seraz prouz.
>
> J. 3813. Jordain noz ont diable ramene;
>
> cf. J. 2780. 3815. 4132. 4021.

5. Neben Gott und den Engeln lässt der Dichter auch leblose Gegenstände lebend und handelnd auftreten. So z. B. heisst es:

a) Vom Meere:

> †J. 1263. Mers ne puet sanc souffrir ne tant ne quant.
>
> †J. 2150. La mers est irascue;
>
> cf. J. 2157. 2159.

b) Vom Tode:

> †J. 2388. He mors! (dist il) car me pran, que fais tu?

c) Dem Briefe wird die Gabe der Sprache beigelegt:

> †J. 2343. Ce dist la lettre et li bries qui est ci.

d) Schwächer ist die Personification, wenn der Sonne und dem Monde die Fähigkeit auf- und niederzusteigen zuerkannt wird:

> A. 579. Vespres aproche, li solaus dut cliner;
>
> cf. A. 1093. 1274, J. 2962. 3970.

Ueber Personification cf. auch die Metapher, § 1 c.

§ 3.

Die Metonymie.

„Bei der Metonymie werden Begriffe mit einander vertauscht, die in einer natürlichen, durch Einbildung und Verstand leicht findbaren Verbindung stehen; sie hat ihren Grund in einem Zusammenhange oder einer Verwandtschaft der Begriffe"; cf. Wackernagel, l. c. S. 390. Man unterscheidet nach den verschiedenen Arten, in denen der Dichter den Tropus der Metonymie anwendet: Stoff-, Symbol- und Raumverhältnis.

A. Das Stoffverhältnis.

Statt der Waffen wird das Material, der Stoff, aus dem sie gefertigt sind genannt. Diese Art der Metonymie findet sich sehr oft bei unserem Dichter:

J. 95. Tout por Hardre le conte droiturier
        Qu'Amis ocist au fer et a l'acier.
J. 1916. Lez le costel li passe le fer nu.
J. 4020. Prez des costez li fist le fer sentir.
A. 961. Devant lui ot . . .
        Son brant d'acier nouvel et esmolu;
cf. A. 1160. 1164. 1738. 2974. 3027. J. 1201. 1865. 1932.
3010. 3983. 4003. 4040. 4057. 4060.

B. Das Symbolverhältnis.

Statt der Person, Sache und Würde wird deren Zeichen, das Attribut gesetzt. So steht statt der Bischofswürde das Zeichen derselben, nämlich der Krummstab:

*A. 2138. Laissiez la croce que je la voz deffenz.

Für das Sakrament der Taufe steht das äussere Zeichen derselben:

†J. 23. Il le tramistrent Renier le fil Gontelme,
        Cil le leva des sains fons et de l'aigue.

C. Das Raumverhältnis.

Der Raum steht statt dessen, was sich in demselben befindet:

a) Die Küche steht statt der Speisen, die in derselben zubereitet werden:

*A. 1143. A la grant table s'est alez acouder
        Et la cuizinne fait li cuens aporter.

b) Das Schlachtfeld steht für die Schlacht:

*A. 826. Ne voz mouvrez de la bonne cite,
        Si iert li jors et li champs afinez;
cf. A. 1262. 1429.

c) Das Kloster steht für die Mönche:

*A. 1259. Par ces monstiers envoie ses serjans
        Et fait haster ces messes . . . .

d) Die Stadt steht für die in der Stadt befindlichen Einwohner:

A. 1932. Volez noz voz la ville chalongier?
J. 2895. A Val Bruiant le fist emprisonner
        Une cite qui moult fist a loer.
J. 3941. La cite a son neveu conmandee.

e) **Die Welt steht für die darin befindlichen Menschen:**

*A. 659. Il ne m'en chaut se li siecles ¹) m'esgarde.

*A. 2294. Fiz, dist li cuens, ensus de moi estez
Que cist malaiges. —
Est si del monde et dou siecle en viltez . . . .

cf. A. 2127. 2359.

f) **Der Hof steht für die Hofleute:**

*A. 2111 Douz chevaliers de la cort apella.

*A. 3261. La cors depart quant mengie ont assez.

Ausserdem finden sich noch folgende metonymische Wendungen:

a) **Das Christenthum steht für die Christen:**

A. 736. Por tout or de la crestiente.

A. 2493. C'est uns homes de la crestiente.

J. 180. L'autrier le fis baptizier et lever
Et maitre el chief sainte crestiente.

b) **Das Rittertum für die Ritter:**

J. 3293. Jordains i entre et ses riches barnez.

cf. A. 295, J. 3805. 1077. 1117.

c) **Die Nachkommenschaft für die Nachkommen:**

†J. 156. S'or n'ociiez toute l'ancesserie.

d) **Herrschaft für Herrscher:**

†J. 2740. Car il doutoient les sauvaiges regnes;

cf. J. 2960.

e) **Das in der Hölle befindliche Feuer für Hölle:**

†J. 994. la male flamme t'arde;

cf. J. 1008.

f) **Statt Ohr steht das Gehör:**

*A. 1538. Il tint l'espee dont li aciers brunnie
Et fiert Hardre dou pommel lez l'oie.

g) **Hierher gehört auch der häufige Gebrauch von cuers.**
Es wird als vermeintlicher Sitz der Affecte metonymisch
gebraucht für: Gesinnung und Gemüt; für Mut, endlich für Zuneigung und Sympathie,

α. **für Gesinnung und Gemüt:**

A. 280. Si voz ait li verais justiciers,
Comme vers noz iestez de cuer entiers.

---

¹) siecles, eigentl. ∺ „Jahrhundert", ist in der Bedeutung „Welt"
selbst eine Uebertragung.

A. 1360. Quant le c u e r as si plain de felonnie.

J. 1221. Dedens son c u e r se pansa erramment;

cf. A. 1537, J. 632.

β. Für Mut:

A. 3020. Or est merveilles se li c u e r s ne li ment.

J. 1933. Mais li paiens n'ot pas le c u e r lasnier;

cf. J. 1267. 2720.

γ. Für Zuneigung, Sympathie:

J. 2663. Li arcevesques qui de bon c u e r l'ama.

Nicht selten verwendet der Dichter die Verbindung von c u e r s mit einem Possessivpronomen, einem Adjectiv oder dem Artikel zur Umschreibung eines Personalpronomens, so dass dieser Tropus mit dem der Synecdoche, cf. § 6, zusammenfällt:

J. 675. .... s'en ai mon c u e r irie

J. 915. Jamais nul jor n'averai mon c u e r lie.

J. 1492. .... le c u e r en ot joiant.

J. 2199. .... moult ot son c u e r dolant;

cf. J. 1954. 2444. 2557. 2742. 3616. und 3660, A. 252. 621. 1113 u. s. w.

Ein gewisser Pleonasmus ist es, wenn c u e r als locale Hinzufügung bei diesen Affectsäusserungen gesetzt wird, z. B.:

A. 384. Enz en son c u e r en fu joians et lies.

A. 2919 Moult li est dur et au c u e r trop amer.

J. 66. El c u e r l'en entre merveillouse faintie.

§. 4.

Die Umschreibung.

Nahe verwandt mit der Metonymie ist die Umschreibung, da bei ihr auch nicht der eigentliche Begriff gesetzt wird, sondern statt dessen characteristische Eigenschaften und Thätigkeiten desselben hervorgehoben werden.

Sehr gern umschreibt der Dichter den Namen Gottes und Christi:

a) Gott wird umschrieben mit:

α. geistiger Vater:

A. 3086. Biax pere esperitables;
cf. J. 1012 und 2865.

β. Vater der ganzen Welt:
*A. 1768. Peres de tout le mont.

γ. Erschaffer:
A. 1660. criator.
J. 2544. celui qui fist ciel et rousee;
cf. J. 2826 und 3950.

δ. König:
*A. 1217. Biase sire rois.
*A. 1317. rois puissans; cf. J. 3150.

ε. Der Glorreiche des Himmels:
†J. 1778. li gloriouz dou ciel.

ζ. Der Allgewaltige:
†J. 3996. cel seignor qui tout a a baillir.

η. Der Anbetungswürdige:
†J. 1025. celui que on doit aourer.

ϑ. Richter:
*A. 280. li verais justiciers.

b) Christus wird umschrieben mit:

α. Derjenige, der an's Kreuz geheftet und am Kreuze gepeinigt wurde:
A. 904. Li gloriouz qui en la crois fu mis;
cf. A. 2577. J. 1422—23. 1703.
A. 2932. Dex de glorie qui se laissa pener;
cf. J. 631 und 2957.
†J. 3678. Gloriouz peres qui souffris passion.

β. König der Majestät:
A. 1252. Sire, dist elle, biaus rois de majeste.

γ. Sohn Maria's:
A. 2868. le fil sainte Marie;
cf. J. 2. 587. 2682. 3055. 3256. 3270. 3592.
*A. 2420. Por cel seignor qui fu nes de la virge.
*A. 2491. Dex, dist li pages, qui de mere fus nes.

c) Maria, die Mutter Christi, wird umschrieben:
A. 1333. la virge;
cf. A. 2420. 2485. J. 2 3256. 3592. 3956.
*A. 2491. mere.
†J. 3956. roine coronnee.

d) Der Teufel wird umschrieben:

*A. 1661. . . . . cel seignor.
        Qui envers deu nen ot onques amor.

e) Für Engel:

*A. 1821. Je n'en puis mais, bonne chose, va t'en.

f) Für Hölle:

†J. 1187. regne au diable.

g) Eine Umschreibung der in den Dichtungen auftretenden Personen findet sich nur einige Male und zwar zur Umschreibung Amiles:

*A. 177. Et cil le vit qui l'ot ja avise.
*A. 507. Dou meillor home qui onques fust soz ciel.
*A. 900. Celui va querre que hair ne porra.

Sehr oft umschreibt der Dichter die positiven Ausdrücke: antworten, sich äussern durch negative Verba, z. B.

*A. 818. je nel voil pas celer. — *Ja ne lor soit cele (A. 1060). — a celer nel voz quier (A. 2615. 2909, J. 2574. 2621. 3466 und 3752). — †ne t'en ferai cele (J. 924. 930). — †ne li volt plus celer (J. 2592. 4047). — *ne le voz quier noier (A. 604. 2781).

§ 5.
Der Euphemismus.

Verwandt mit der Umschreibung ist der Euphemismus, welcher dadurch entsteht, dass man zum Ausdruck eines Uebels eine mildere Bezeichnung, als die eigentliche, wählt. Wackernagel, l. c. S. 404 sagt: Der Euphemismus weicht dem anstössigen, dem Bösen, dem Gehassten und Gefürchteten in Vorstellung und Darstellung aus und nennt aus Zucht, Schonung und Furcht nur das gegenteilige Gute."

In unseren Gedichten finden sich namentlich euphemistische Ausdrücke für sterben:

*A. 181. A poi ne sont estaint et define.
*A. 1901. Or sai je bien qu'a fin iestez alez.
A. 2904. miex voldroie finer;
cf. J. 1027. 1140. 2541.

*A. 2951. Li vostres dis n'en sera trespassez.

A. 3496. iluec transsirent; cf. J. 6.

†J. 3247. de cest siecle partir.

†J. 3981. . . . . tost est la vie alee.

†J. 4006. l'arme de cors partir.

†J. 4131. son tans afiner; †J. 4208: sa vie afiner.

Ausserdem finden sich noch zwei euphemistische Ausdrücke für weinen:

*A. 2844. L'iave dou cuer jusqu'as iex li descent.

*A. 2581. L'iave li cort aval sa face clere.

§ 6.
Die Synekdoche.

Die Synekdoche beruht auf den Vorstellungen von Teil- und Zahlenverhältnissen. Sie ist nach Wackernagel, l. c. S. 393 im Grunde nur eine Abart der Metonymie; auch hier findet eine Vertauschung nah zusammenhängender Begriffe statt, aber unter einem bestimmten Gesichtspunkte, dem des Teiles zum Ganzen.

Die in unseren Gedichten vorkommenden Beispiele von Synekdoche lassen sich auf folgende Weise classificieren:

1. Der Teil für das Ganze.

a) Welle für Meer:

†J. 2187. Ez vos les ondes maintenant engramies.

b) Kopf statt Körper:

†J. 2497. Uns Sarrazins, qu'iere de grant poeste,
Qu' il ne menjoit an matin jusqu' au vespre
Tant qu' il avoit de sis homes les testes.

*A. 2635. Dex confonde vos chies; cf. A. 2643.

c) Fuss statt Mann:

†J. 2178. Ja de noz touz n'en eschapera pies.

d) Steigbügel für Sattel:

†J. 4007. . . . . l' estrier li fait guerpir.

e) Schaft für Lanze:

Diese Art der Synekdoche findet sich in J. ungemein oft, z. B.:

J. 199. Brandist la hanste;

cf. J. 1054. 1057. 1074. 1085. 1093 u. s. w.

f) Funke für Feuer:

†J. 300: Fromont dechast et ocie a besloi.

Eine Art Synekdoche ist es auch, wenn der Dichter Personalpronomina durch Substantive umschreibt. Dies thut er ungemein oft, und zwar:

a) vor allem durch cors:

α. Für die Umschreibung des Personalpronomens der ersten Person:

A. 481. Ja de mon cors ne sera refusee.

J. 484. Soz ciel n'a chose que mes cors ne feist.

A. 886. Dont li miens cors est cheuz en vilte.

J. 506. Ainz souffera mes cors moult grant disete;

cf. A. 1021. 1128. 1991. J. 1876. 2349. 2357. 2359. 2387;

β. der zweiten Person:

A. 1359. .... li cors deu te maudie!

J. 1423. Et el sepulcre refu vos cors couchiez;

cf. A. 2174. 2835. 3049. J. 1715.

γ. der dritten Person:

A. 888. A mal putaige soit li siens cors livrez!

A. 1131. A mal putaige soit li siens cors reprins.

J. 1140. Auront paor de lor cors a finer;

cf. A. 1507. 1732. J. 1194. 1375.

δ. des Reflexivpronomens:

A. 247. por lor cors aaisier.

A. 88. Que il n'i soit ne venuz ne alez
Et li siens cors traveillez et penez;

cf. A. 289. 457. 630. 697. 799. 1253 u. s. w., J. 93. 793. 1696. 2040. 2289. 2720 u. s. w.

b) durch char:

A. 1750. La char Hardre voz convient a destruire.

A. 1816. Moult grant martyres de ta char t'en atent.

A. 1822. La moie char, quant tu weuls, si la prent.

J. 648. La chars ton pere por la toie iert delivre.

J. 936. La toie chars par la soie est sauvee;

cf. A. 1428. 2300. 2881. 3349. J. 2349. 3697.

c) durch zwei Substantive:

*A. 1664. S'arme et son cors a commande atout.

*A. 2174. Trestouz li cors et li membre voz ardent.

2

2. Eine bestimmte Zahl statt einer unbestimmten Menge.

Von dieser Art der Synekdoche macht unser Dichter einen sehr ausgedehnten Gebrauch, indem er für den allgemeinen Begriff viel, viele u. s. w. eine bestimmte, meist abgerundete Zahl setzt.

Durch die Hinzusetzung von Partikeln, wie bien, presque und jusqu'a bleibt die Richtigkeit der angegebenen Zahl dahingestellt, während durch die häufige Hinzusetzung von plus de und mais que eine Hyperbel entsteht; über letztere cf. § 8, 2, c.

Am meisten findet sich mil und cent angewendet.

a) mil.

A. 304. Je voz donrai de mon avoir mil livres;
cf. A. 1398. J. 1360. 1840.

A. 332. Tant qu'il ot bien quatre mille d'armez
A. 348. En sa compaingne mil chevaliers membrez.
J. 39. Il vint a Blaivies a trois mil chevaliers.
J. 1609 Ne fust si lie por mil mars d'argent blanc;
cfr. A. 467. 515. 619. 634. 3149. J. 22. 27. 703. 1642. 1623. 1675. 1709. 1714. 2189. 2190.

b) cent.

A. 683. Demain auras cent sols en t'aumosniere
A. 755. Cent dehais ait en viaire et el nes.
A. 841. V. C mercis et grez; cf. J. 162.
J. 193. Li fel Fromons en ot fait cent armer.
J. 642. Gautier les garde
Et bien C home as espees forbies;
cf. A. 974. 1850. 3136. 3152 u. s. w., J. 860. 952. 960. 1060. 1096. 1560. 1678 u. s. w.

c) Zur Bezeichnung einer unbestimmten Menge setzt der Dichter auch oft soissante:

A. 768. A icel mot plus de soissante en saillent;
cf. A. 1953. 2559. J. 2758;

d) aber auch andere kleinere Zahlen:

A. 2426. Plus de XL se pasment demanois.
J. 568. Voire, seignor, je suis forment traie
Et XXX tans est encor plus mes sire
J. 1245. Trente jornees s'en vont par mer synglant

J. 1390. Trente pucelles avoit lez son coste;

cf. A. 1390. 1778. 2682. J. 190. 305. 386. 2356. 2371. 2817. 2847. 3428.

J. 899. En sa compaingne plus de dix chevaliers.

Dieselbe Zahl, 10, findet sich zweimal zur Bezeichnung einer geringen Anzahl:

A. 3370. N'ot avec lui mais que X escuiers.

J. 3630. N'enmainne o lui de chevaliers que dis.

Ebenso 6:

†J. 3635. N'ot de ses homes avecques lui que sis.

Dadurch, dass der Dichter eine Reihe Zahlen neben einander setzt, bezeichnet er das allmähliche Anwachsen der Menge:

†J. 2419. En la nef chieent huit, dis et onze et doze.

Hierher gehören auch die unbestimmten Angaben des Preises und der Länge durch bestimmte Zahlen und Längenmasse:

*A. 2592. Une charrete ont li serf achatee,
Trois sols en donnent.

*A. 2559. Seissante sols vouz en rendrai et plus.

Als Längenmass findet sich einmal die Elle:

†J. 427. . . . . chascuns porte en sa main un baston
Molt petitet, n'ot c'unne aune de lonc.

Die Lanze steht als Massstab der Entfernung:

†J. 2001. Plainne sa lance l'esloingne dou destrier.

Bestimmte geographische Angaben statt einer allgemeinen Bezeichnung finden sich ziemlich oft; z. B.:

A. 955. Il n'a tel damme desci a Monpellier.

Die übrigen Beispiele s. bei der Hyperbel, § 8.

3. Für einen Gattungsbegriff seht ein Artbegriff:

Für den allgemeinen Begriff Raubvogel setzt der Dichter einen bestimmten Raubvogel, den Hühnergeier:

*A. 1753. Desor un pel soit la teste ferue
Tant l'i laissiez qu'escouffle la menjussent;

cf. A. 2343. Ja le menjuent brachet et leverier.

Zum Teil liegt zugleich auch eine Synekdoche in der Zergliederung, cf. § 18.

§ 7.
Die Vergleichungen.

Die Vergleichungen stehen in engem Zusammenhange mit den Tropen, namentlich mit der Umschreibung und der Metapher. Sie zerfallen in Vergleich und Gleichniss. Zwischen beiden besteht nach Wackernagel l. c. S. 387 der Unterschied, dass der Vergleich das Bild nur andeutet, während das Gleichniss dasselbe ausmalt.

Diese Figuren sind in unseren Gedichten nicht gerade selten.

I. Der Vergleich.

Er wird meist eingeleitet durch comme, ausiz com (J. 389. 414. A. 2660), je einmal durch que (J. 2252) und sambler (J. 1172),

a) Das Handeln des Hardrez wird als das eines Verräthers und Strassenräubers bezeichnet:

> A. 357. Hardrez fist com traitres et lerre; cf. J. 417.

b) Von dem Kampfe zwischen Amis und Hardrez heisst es:

> *A. 1583. Or se combatent com mortel annemi.

c) Hardrez klagt den Amis des Vergehens mit Belissante folgendermassen an:

> *A. 1420. . . . . o Belissant nu a nu le reprins
> Si faitement com fame a son mari.

d) Als Amis dem Amile die Belissante übergibt, sagt er:

> *A. 1756. Servez Amile com sa fame et sa drue.

e) Erembors möchte wie ein Falke aus dem Gefängnisse fliegen:

> †J. 413. Car pleust deu
> Que je volaisse ausiz com un faucons
> De ceste chartre . . . .

f) Jordains hat einen solchen Schmerz, als die Oriabel in den Schrein gelegt wird, als wenn sie auf die Totenbahre gelegt würde:

> †J. 2249. Com s'elle fust devant lui embierree.

g) Der Dichter vergleicht den Verrat des Josselme mit einer Mutter, die ihr Kind verraten:

†J. 3176. Or as vers moi fait traison moult grant
　　　Comme la mere qui traist son anfant.

h) Die Schnelligkeit wird verglichen
　α. mit dem Sturme:
　　†J. 526. Et cil i corrent tantost comme tempeste;
　β. mit dem Laufe des Hirsches:
　　*A. 1485. Vers Amis cort les grans saus comme cers;
　γ. mit dem Fluge des Vogels und des Pfeiles:
　　†J. 2252. Plus tost qu' oisiaus ne sajete enpannee
　　　L'ont esloingnie.

i) Das Brausen des Meeres wird mit dem Sausen einer
　Schleuder verglichen:
　　†J. 2159. Ainsois (la mer) le giete comme fondres qui brut.

k) Die greisen Haare des Pilgers werden mit einer Blume
　verglichen:
　　*A. 84. Viex iert et blans comme flors en este.

l) Jourdains stürzt auf Fromont los wie ein wütender
　Eber:
　　†J. 4055. Ainz point vers lui iriez comme sainglers.

m) Die Genossen Fromonts, denen er die Nasen hat ab-
　schneiden lassen, vergleicht der Dichter mit dem Teufel:
　　†J. 1172. Diable samblent d'anfer deschaainne.

n) Die Tapferkeit Reniers ist erprobt wie das Gold:
　　†J. 388. De la proesse sui je si essaiez
　　　Et esprouvez ausiz com li or miers.

II. Das Gleichnis.

Gleichnisse sind in unseren Gedichten selten; es finden
sich deren nur drei. Es sind folgende:

a) Amiles rāt seinem Freunde Amis, sich nicht um die
　Belissante zu bewerben. Er solle sich des Fuchses in
　der Fabel erinnern, der die Trauben wol gern gekostet
　hätte, wenn er sie nur hätte erreichen können:
　　A. 566. La fille Karle ne voz chaut a amer
　　　Ne embracier ses flans et ses costez;
　　　Car puis que fame fait home acuverter
　　　Et pere et mere li fait entroublier
　　　Couzins et freres et ses amis charnes,

De la gourpille voz doit bien ramembrer
Qui siet soz l'aubre et weult amont haper,
Voit les celises et le fruit meurer;
Elle n'en gouste qu'elle n'i puet monter.

b) Lubias, die nichts sehnlicher wünscht, als dass sie von
ihrem aussätzigen Gemahle befreit wäre, wird verglichen
mit einer Holztaube, der unter einem Baume sitzend ein
Narr auflauert:

A. 2082. Dame, dist il (Amis), bien m'avez agaitie
Et sormonte et del tout abaissie.
La loi avez a l'oisel dou rammier,
Li fox l'agaite qui desoz l'aubre siet,
Quel cuide panre sain et sauf et entier.
Miex li venist qu'il le ferist el chief,
Si le plumast et eust au mengier,
Icelle loi avez voz par mon chief.

c) Einer von den schurkischen Dienern des Fromont rät
ihm, er müsse, nachdem er Girart getötet, auch den Jourdains aus dem Wege schaffen. Er braucht dabei das Bild
von einem Baume, dessen Zweige, obgleich der Stamm
und die Wurzel getötet, Wurzel werfen:

J. 152. Mors est Girars, si en tenoiz la ville,
Qui bien weult l'aubre afoler et destruire,
Se par dedenz n'en cope la racinne,
Sachiez de voir, les branches enracinnent.
S'or n'ociiez toute l'ancesserie,
Son fil Jordain, qui est a Vautamise,
Quant qu' avez fait, tieng je tout a folie.

§ 8.
Die Hyperbel.

Unter Hyperbel versteht man die Steigerung über die
Wahrheit hinaus.

Man muss in unseren Dichtungen zwei Gattungen von
Hyperbeln unterscheiden. Die erstere bedient sich zur Steigerung ihrer Darstellungsweise der Figur der Vergleichung,
der Tropen der Synekdoche und der Personification,
wodurch der Hyperbel mehr Anschaulichkeit verliehen wird.

Die zweite Gattung der Hyperbel sinkt zur blosen Satzfigur herab und wird wegen ihrer häufigen Anwendung zur stilistischen Schwäche.

Unser Dichter zeigt namentlich für die letzte Art der Hyperbel eine grosse Vorliebe.

I. Die Hyperbel beruht:

1. Auf der Vergleichung:

Die Beispiele hierfür sind schon § 7 aufgeführt.

Statt der Vergleichung steht auch sehr oft die schwächere Anspielung, und zwar eine Anspielung auf Oertlichkeiten:

  A. 521. . . . . il n'a si bel en France.

  A. 791. Qu'il n' a meillor en France ne soz ciel.

  A. 955. Il n' a tel damme desci a Monpellier;

cf. A. 932. 3221, J. 1389. 3770.

2. Auf dem Tropus der Synekdoche:

a) Hierher gehören diejenigen Ausdrücke, welche die schweren Bedingungen und die schweren Opfer bezeichnen, denen man sich lieber unterziehen will, als dass man etwas thäte oder unterliesse, oder dass man einen Zustand länger ertrüge etc.

Wir haben also hier die Art der Synekdoche, welche das besondere für das allgemeine setzt:

  A. 509. Je ne laroie por les membres tranchier
    Que a lui n'aille.

  A. 1606. Il (Hardrez) ne menjast por les membres coper;

ähnlich A. 1912. 2934, J. 81. 234. 637. 726. 1579. 1834. 2395.

  A. 1524. Miex fust, par deu, que je fuisse fondue.
    Arse en un feu ou a contiaus fandue.

  A. 2791. . . . . mieus voldroie finer;

cf. A. 1017. 1915. 2875. 2738 2904. J. 1001. 2186. 3354.

b) Statt dieser allgemeinen Bedingungen, bei denen Leib und Leben eingesetzt werden, werden bei diesen Beteuerungen auch oft genau Wertbezeichnungen gesetzt:

α. Es wird das Gold grosser Reiche und Städte etc. als Preis angesetzt, um dessentwillen man etwas doch nicht thun würde:

A. 2874. Por tout l'or de Roussie.

J. 884. Por tout l'or de Baudas.

J 3906. Or nel lairie por l'or de dis citez;

cf. A. 635. 639. 736. 877. 1249. 1554, J. 476. 1732. 2477. 3272. 3272. 3282.

β. Es wird ein bestimmter Preis gesetzt:

*A. 1398. Je nel lairoie por mil livres d'or fin.

†J 1609 Ne fust si lie por mil mars d'argent blanc.

c. Die Synekdoche bei der Hyperbel zeigt sich ferner da, wo letztere durch Zahlen ihren gesteigerten Ausdruck findet; cf. § 6, 2 a — d.

d. Die Vortrefflichkeit der Waffen, die Oriabel Jourdain schenken will, wird hyperbolisch gesteigert durch die Behauptung, dass kein Graf oder König bessere gesehen habe:

†J. 1726. Ainz cuens ne rois nulles meillors ne vit.

ähnl. †J. 2677. Par jongleor ne fu meillors (chansons) oie

†J. 3562 Par jongleor n'orrez meillor (chansons) chanter.

3. Auf der Personification.

Wenn der Dichter in der Schilderung der Schönheit oder Vortrefflichkeit eines Helden soweit gegangen ist, dass ihm zur noch höheren Steigerung die Worte fehlen, so behauptet er, dass Gott selbst diese treffliche Person geschaffen habe. So sagt er von der Schönheit Amis' und Amiles':

*A. 43. Dex les fist par miracle.

Aehnlich ist es bei folgenden Hyperbeln:

*A. 32. Dex ne fist home qui de mere soit nes
Qui le plus grant en seust deviser.

*A. 186. Dex ne fist home cui pities n'en preist;

cf. A. 1051. 1943. 2718.

II. In den bis jetzt entwickelten Fällen wurde die Phantasie in eine andere Begriffssphäre versetzt; in den nun folgenden bewegt sich die Hyperbel innerhalb derselben Begriffssphäre.

Das Streben des Dichters nach emphatischem Ausdrucke gibt sich namentlich oft in einer starken Negation kund, aus welcher der gesteigerte positive Begriff sich ergibt.

1. Die Negation ist gewöhnlich eingeleitet durch die Partikeln: ne-onques, ainz-ne,

> A. 1027. Li cuens Amis fu chevaliers seurs
> .... onques miendres ne fu.
> J. 655. Onques mais anfes ne fu tant desirrez.

cf. A. 656. 1530. 3173, J. 21. 1476.

> Die Negation wird gesteigert:

a) durch Verba des Wahrnehmens: hören, sehen etc.:

> J 492. Grans noces firent, ja plus grans ne verraz.
> A. 42. Que nus plus biax ne puet on deviser.
> A. 1112. Tel joie en orent, onques greignor ne vi.
> J. 3696. Mais en ma vie n'oi je tel souzpeson;

cf. J. 139. 1317. 1501. 1726. 1965.

b. durch Zeitbestimmungen, wie z. B. en ma vie, sowie durch andere pleonastische Zusätze, z. B. de fame nez, de mere nez:

> J. 3696. Mais en ma vie n'oi je tel souzpeson.
> J. 237. Itel seignor m'as tolu et emble
> Que plus amoie c'omme de mere ne.
> A. 2297. Nus ne m'encontre qui de mere soit nes;

cf. A. 32. 186. 1051. 1943. 2718, J. 932. 3288. 3821.

2. Durch locale Bestimmungen, namentlich en monde, soz ciel etc.:

> A. 98. Il n'a tel ville en la crestiente.
> A. 1769 Ja prins je fame au los de mes barons.
> Que n'a si bele chevaliers en cest mont.
> J. 260. Nus hom del mont n'i puet maitre confort;

cf. A. 2819, J. 842. 1279. 1501. 1869.

3. Die hyperbolischen Ausdrücke in der Affirmation sind ähnlich denen in der Negation:

> J. 92. Que voz Girart m'aidiez a engingnier
> Que gel haz plus c'omme qui soit souz ciel.
> A 506. .... mal dites et pechie
> Dou meillor home qui onques fust soz ciel.

4. Es erübrigt noch, die grosse Anzahl von Hyperbeln, welche der Dichter zum Ausdruck des Schreckens, des Schmerzes, der Furcht etc. anwendet, anzumerken:

> A. 757. le sens cuida desver;

cf. A. 822. 1466. 2270, J. 4041.

A. 2081. Le sens cuide changier;

cf. A. 2642. 2686, J. 67. 854. 3799.

A. 1124. . . . . dou sens cuida issir; cf. J. 4011.

†J. 462. . . . . touz li sans li fremi; cf. J. 3255.

†J. 492. . . . toz li sans li fuit;

cf. J. 1116. 2427. 2480. 3691. 3806.

5. Eine Hyperbel liegt auch in der Beteuerungsformel:

†J. 346. por nule riens vivant; cf J. 2085 u. 2436.

§ 9.

Die Litotes.

Die Litotes ist gewissermassen die umgekehrte Hyperbel. Letztere sucht zum Ausdrucke eines Begriffes den höchsten Grad der Erscheinung, während die Litotes den Begriff verkleinert. Die Litotes dient namentlich zum Ausdrucke des Nichts.

Die Figur beruht:

1. auf dem Tropus der Synekdoche, indem etwas Besonderes für das Allgemeine steht.

Gewöhnlich wird für Nichts eine geringe Münze oder sonst etwas Geringfügiges gesetzt:

A. 2380. De par ma damme voz criomez un ban,
Qu'il n'i ait escuier ne serjant
Qui voist Ami resgarder mais awan
Ne qui li doinst un denier vaillissant.

J. 853. Ja n'en aurai vaillissant un denier.

J. 2564. Ne douteroient vaillissant un espi.

A. 636. Et moi voles qui n'ai un esporon.

A. 1473. Qu'il n'i ait chevalier et serjant
Qui die mot.

A. 1204. . . . . et noz le voz dirons
Que ja un mot ne voz en mentirons.

A. 1438. Que il (Hardrez) n'i a d'un seul mot menti.

A. 2918. . . . ne pot un mot sonner.

J. 1592. Je n'en soi mot . . . . ;

cf. A. 686. 2908, J. 1398. 2703. 2773. 2992. 3726. 3886. 3859. 3912.

Eine Synekdoche bildet zugleich eine Litotes:

J 2178. Ja de noz touz n'en eschapera pies.

2. Wie bei der Hyperbel, haben wir auch hier eine Litotes als Satzfigur. Bei ihr stehen Form und Inhalt in directem Widerspruche; es wird durch den verneinten Gegensatz gerade der positive Sinn hervorgehoben. Diese Art der Litotes steht in A. u. J. namentlich um Adjectiva hervorzuheben:

*A. 895. Li cuens Amis ne fu mie coars

†J. 1207. Ainz des Jordain n'en i ot coart nul.

†J 968. N'en mainne mie palefroi qui soit lasches.

†J. 1078. Lohiers ses fiz ne fist mie que saiges.

†J. 1353. N'est gaires loing. veez ent le clochier;

cf. J. 1669. 1933. 3042.

§. 10.
Sprüchwort und Sentenz.

Während die Hyperbel und die Litotes eine Steigerung des Ausdruckes durch eine möglichst hohe, bzw. niedrige Angabe seines Inhaltes bewirken, erreichen dies das Sprüchwort und die Sentenz durch Verallgemeinerung des Inhaltes.

Es finden sich verhältnismässig wenige Sprüchwörter in unseren Gedichten; nur folgende sind mir aufgefallen:

a) J. 211 .... la force paist le pre, ist nach C. Hofmann a. a. O. S. 234 ein gewöhnliches, auch im Provenzalischen einheimisches Sprüchwort (la forsa pais lo prat), wörtlich: „die Gewalt weidet die Wiese ab" d. h. „Uebermacht gewinnt".

b) J. 1342. Aprez grant perde repuet l'an gaaingnier, vgl. unser deutsches Sprüchwort: „Auf Regen folgt Sonnenschein", was freilich nur dem Sinne nach entspricht.

c) J. 3868. Qui felon sert, moult fait felon labor;

Reicher als an Sprüchwörtern sind die beiden Gedichte an Sentenzen. Die Sentenz oder Gnome spricht in didaktischer Tendenz moralische Grundsätze, allgemeine Lebensregeln, Erfahrungssätze etc. aus.

a) **Die Allmacht Gottes ist in folgenden Sentenzen aus-
gesprochen:**

> A. 2099. Tant com il [deu] weult, est li hom santeis
> Et quant il weult venus est tost a fin.

> J. 2898. Mais j'ai oi piesa dire et conter,
> Que cil cui dex weult de la mort sauver,
> Nus hom ne le puet nuire.

b) **Wenn man Unrecht hat, darf man sich keinem Gottes-
gerichte unterziehen:**

> *A. 994. Hom qui tort a, combattre ne se doit.
> cf. A. 1016. Hom qui tort a, combattre ne se seit.

c) **Sein Weib und seinen Gemahl muss man l i e b e n und
a c h t e n:**

> A. 555. Car sa moillier doit on bien honorer.

> A. 1804. Des que li hom prent fame loiaument
> Moult fait que fox, se il sa foi li ment.

> A. 2117. Maris et fame ce est toute une chars,
> Ne faillir ne se doivent.

> J. 2352. . . . . moult avez bien parle,
> On doit amer son seignor espouse.

d) **Gegen den Tod gibt es kein Mittel:**

> †J. 390. Encontre mort n'a proesce mestier
> Ne orgoilz n'aventure.

> †J. 3235. . . . . bele estoit et de moult franche orine;
> Mais nus ne puet trespasser son terminne.

> †J. 3254. Contre la mort n'a nus hom garantie.

e) **Jeder Mensch, mag er auch noch so kühn sein, fürchtet
für sein Leben:**

> †J. 2708. N'i aura nul si hardi ni si saige
> N'ait paor de sa vie.

f) **In der Not zeigt sich der wahre Freund:**

> *A. 2856. Car au besoin puet li hom esprouver
> Qui est amis ne qui le weult amer.

g) **Wer seinen Herrn oder seine Herrin tötet, ist für immer
verloren:**

> J. 2213. Qui que sa damme ne son seignor ocist,
> Tonz est forfais et de deu departiz.
> Ja ne verra le grant jor dou jois,
> Que il ne soit moult laidement baillis.

h) Von dem Töten der beiden Knaben heisst es:

A. 2929 C'est moult grant chose d'omme mort restorer
Et si est maus des dous anfans tuer.

i) Ein boshafter Mensch wird seine Strafe erhalten:

J. 3849. Nus hom qui oirre vers autre par boisdie,
Ne puet durer, quoique nus voz en die,
Que la desserte n'ait de sa tricherie
Ou au cors ou a l'arme.

k) Einen elenden Menschen darf man nicht erzürnen:

J. 246. Home dolant n'estuet courroucier

l) Ein Mann, der nichts hat, wird verachtet:

J. 1689. Hom qui riens n'a, si est tenus por vils.

Capitel II.

Die Redeformen.

§ 11.

Die Rede.

Die Darstellung in unsern Dichtungen leidet, wie das Epos im allgemeinen, an Breite. Doch versteht es der Dichter, Leben in diese epische Breite hineinzubringen. Dies erreicht er namentlich durch die sehr häufig angewandte directe Rede. (Ueber die anderen rhetorischen Mittel cf. § 12 ff.)

Was die Einleitung der directen Rede betrifft, so ist dieselbe im allgemeinen sehr einfach.

a) Gewöhnlich wird das Verbum des Sagens, unverbunden mit dem Vorhergehenden, der Rede vorangestellt, (vgl. aber b), z. B.:

    A. 90. . . . . en haut s'est escriez:

    A. 95. Dist li paumiers:

    A. 129. Moult belement li paumiers l'appelloit:

    A 150. Voit le li cuens si l'a mis a raison:

    A. 238. Par sa losenge le prinst a acointier:

    A 267. Et dist li reis: etc. etc.

b) Das Verbum des Sagens wird jedoch auch nicht selten als Zwischensatz eingeschoben:

    A. 154. „Naie voir, sire! li bergers li respont,
        Si m'ait dex, ...

    A. 187. „En non deu sire, ce dist li cuens Amis,
        Forment me dueil que lonc tans vos ai quis . . . .

    A 359. Seignor. dist il, on m'a fait demonstrer. —

etc. etc.

c) Nicht selten wird auch die Einleitung der Rede ganz ausgelassen: dies geschieht namentlich in der Wechselrede (cf. §. 12):

    A. 325. „Sire Hardrez! ou fustez voz alez?"
        Par deu, seignor, ja'n orrez verite" . . . .

A. 346. „Amis, biaus frere, ou est Gonbaus remes"?
„En non deu sire, el brueil en est entrez,
En sa compaingnie mil chevaliers armez."
„En non deu sire, or a il fait que ber". —

etc. etc.

Bisweilen geht die directe Rede in die indirecte über:

J. 317. Quant Fromons ot la fierte Eremborc,
Il jure deu le verai criator,
Ne verra maiz ne clarte ne luor.
„Mar i aura escuier nes un soul
Qui ses talens ne face tonz de voz."

J. 357. Lors en apelle li fel ses despansiers,
Dedens la chartre li portent a mengier
Et pain et char et clare et vin viez.
„Mais bien gardez que n'en gouste sa moilliers,
Que, s'elle en gouste, par vertu dou ciel!
Je voz ferai touz les membres tranchier.

Am auffallendsten ist der Wechsel von directer und indirecter Rede J. 2586—2614, wo Jourdain dem Erzbischofe seine Lebens- und Leidensgeschichte erzählt.

§ 12.
Die Wechselrede.

Unter Wechselrede versteht man eine besondere Art der directen Rede, in welcher Frage und Antwort mit kurzen Worten zum Ausdruck gebracht wird.

Solche Wechselreden, wo Frage, Aufforderung etc. in den knappen Rahmen eines Verses gefasst werden, finden sich in A. und J. gar nicht, während sie z. B. bei Crestien von Troyes sehr zahlreich sind [1]); In unsern Gedichten haben die Wechselreden meist einen grösseren Umfang. Bisweilen finden sich einige, in denen die Frage und die Antwort aus je einem Verse besteht, z. B.:

J. 604. „Avez le fil Girart, car le me ditez!"
„Oil voir, sire, si n'a mort desservie";

cf. J. 1392 — 95.

---

[1]) cf. Grosse, l. c. S. 215 — 217. — Ueber die Wechselrede in den frz. Chansons de geste überhaupt cf. W Grimm: Athis und Prophilias, Abhandl. der Berl. Acad. 1844. S. 373 ff.

Oft auch besteht die Frage aus nur einem Verse und die Antwort folgt direct, meist ohne einleitendes Verbum, in längerer Ausführung:

> A. 325. „Sire Hardre! ou fustez voz alez?"
> „Par deu, seignor, ja'n orrez verite.
> A Saint Lambert alai por voz orer
> Por voz me sui travaillez et penez.
> A. 519. „Sire compains, et que fait vostre fame?"
> Et dist Amis: „voz l'orrez a par mainnes . . . .

cf. A. 346—49. 861—65, J. 2037 ff. 2323 ff. 2494 ff.

Sonst finden sich kurze Wechselreden, die nicht immer aus Frage und Antwort bestehen, nur noch in A. und zwar an folgenden Stellen:

A. 91 ff. 107 ff. 151 ff. 187 ff. 239 ff. 260 ff. 274 ff. 297 ff. 444 ff. 501 ff. 552 ff. 558 ff. 592 ff. 612 ff. 628 ff. 977 ff. 1780 ff. 1821—44 (Unterredung des Engels mit Amis) 1847 ff. 2158 ff. 2216 ff. 2612 ff. 2628 ff. 3271 ff.

§ 13.
Die Frage.

Wir betrachten hier natürlich nur die Verwendung der sog. rhetorischen Frage als eines Mittels zur Erhöhung der Lebendigkeit der Darstellung:

a) Einmal wendet sich der Dichter an seine Zuhörer und legt ihnen eine Frage vor, die er dann selbst beantwortet:

> J. 2869. S'elle en ot joie? ne l'estuet demander.

b) Meistens aber gebraucht der Dichter die rhetorische Frage, um weiterer Schilderung überhoben zu sein.

Diese Art der rhetorischen Frage findet sich nur in J., und zwar an folgenden Stellen:

> †J. 2926. Que voz feroie la chanson asloingnier?
> †J. 3148. Que voz diroie? tant est la nes alee,
> Que elle est bien a un port arrive . . . .
> †J. 3506. Que voz iroie la chanson asloingnant?
> †J. 3642. Que voz feroie ici plus lonc devis?
> †J. 4107. Que voz feroie ici plus lonc sejor?
> †J. 4222. Que voz feroie longuement arrestee?

cf. J. 3669.

c) Ausserdem sind mir noch folgende rhetorische Fragen aufgefallen:

A. 1803. Savez, seignor, quex chose est de couvent?

J. 880. En Eremborc certez vouz engendra.
Quel celeroie? voir voz iestez bastars.

J. 1207. Ainz des Jordain n'en i ot coart nul,
Bien i ferirent communaument trestuit.
Cui chaut de ce? paien les ont vaincus.

Im Monologe:

J. 1557. N'iert mais requis Fromons? par le mien enciant,
J'ocis le fil a m'espee tranchant.
Serai je, dex, touz jours autui serjans?

Ueber die sonstigen Fragen cf. „die Anrede" § 14.

§ 14.

Die Anrede.

1. Richtet sich die Anrede an Abstracta, so berührt sie die Personification, cf. § 2, 5 b.

2. Die Anrede an Gott. (Zu unterscheiden ist diese Figur von dem Ausruf, cf. § 15. Meist ist die Anrede Gottes zugleich Gebet: [1])

A. 1216. Dex, dist Amiles, qui haut sies et loinz vois
Esperitables iestez, biax sire rois etc.

A. 1667—1674. Gebet des Amis.

Aehnlich sind zwei Gebete des Amiles 1177—88 und 1762—74; bemerkenswert ist auch das Gebet der Königin: A. 1277—1321.

Aehnliche Anreden an Gott finden sich noch: A. 1333. 2125. 2673. 2933, J. 493. 669. 1553. 3955.

Bisweilen tritt die Anrede an Gott in Frageform auf:

A. 2576. „Dex" dist li cuens, „quel part porrai vertir"?
J. 2148. „Dex", dist la damme, „que ferai?" . . . .

3. Ausser Gott werden auch der h. Geist und die h. Jungfrau Maria angeredet und zwar:

J. 1876. Sains esperis, preingne voz en pities,
Voz soiez hui en mon cors habergiez . . . .

---

[1] Cf. die Dissertation von Johannes Altona: „Gebete und Anrufungen in den altfranzösischen Chansons de geste". Marburg 1888.

A. 1336. Si com c'est voirs, dame sainte Marie.

— — — — — — — — — — — —

Moi gardez, damme, d'afoler et d'ocirre.

J. 3956. Sainte Marie, roine coronnee!
Sauvez ma gent! . . . .

4. In Monologen steht häufig die Selbstanrede:

A. 1522. „Lasse“ [1]), fait elle, „mar fui onques veue“.

J. 2804. „Lasse“, fait elle, „porquoi ai vescu tant?“

J. 3244. „Lasse, dolante“! . . . .
Por quoi fui onques nee!

J. 3372. „Lasse“, dist elle, „con sui maleouree!“

A. 1905. „He las!“ dist il, „or ai je trop regne“ . . . .

J. 4012. „He las!“ dist il, „que porrai devenir?“

5. Die directen Anreden des Dichters an sein Publicum.
Der Dichter redet sein Publicum an:

a) um es zur Aufmerksamkeit aufzufordern:

*A. 1. Or entendez, seignor gentil baron.

*A. 78. Seignor baron, un petit m'entendez!

A. 853. Oiez, seignor;

cf. A. 903. 1228. 2555. 3073. J. 1. 15. 29. 109. 281.
286. 575.

b) um es auf Folgendes oder Vorhergegangenes aufmerksam
zu machen:

A. 11. Huimais orrez de II bons compaingnons;

cf. A. 16. 228. J. 8. 1126.

A. 3016. Or orroiz ja merveilles, bonne gent,
Que tex n'oistez en tout vostre vivant.

J. 3561. Or vient chansons qui moult fait a loer,
Par jougleor n'orrez meillor chanter;

cf. J. 2675 ff.

J. 33. D'un traitor voz voil ci annuncier.

†J. 712. Des or commence la chansons de Jordant;

cf. ausserdem: J. 6. 3198. 3614. 4087. 4126. 4241. 4244.

c) Sehr oft bricht der Dichter bei der Erzählung plötzlich
ab und teilt seinem Publicum mit, er wolle jetzt von
einer anderen Person oder Sache erzählen, z. B:

---

[1]) Zu bemerken ist, dass las, bezw. he las schon zur Interjection
herabgesunken ist, cf. § 15 c.

A. 953. Ici lairons d'Amile le baron
    Si voz dirons d'Ami son compaingnon.

A. 1891. Ici lairons dou conte Ami ester.

A. 1895. D'euls voz lairai ici endroit ester,
    Au conte Amile devommez retorner.

A. 2055. Ici lairons dou conte Amis ester.
    Au conte Amile devommez retorner.

A. 2423. De Lubias dirons d'or en avant.

J. 1141. Huimais devons a Fromont retorner.

J. 2380. De li lairons, si dirons de son dru.

J. 2889. De Jordain voil ci laissier et ester,
    De son parrain voil un poi deviser.

J. 4175. Or redirons de Jordain le marchis;

cf. J. 1173. 1256. 2266. A. 179.

d) Der Dichter versichert seinen Zuhörern in directen Anreden die Wahrheit seiner Erzählung und beruft sich auf seine Quelle:

A. 5. Ce n'est pas fable que dire voz volons,
    Ainsoiz est voirs autressi com sermon;
    Car plusors gens a tesmoing en traionz,
    Clers et prevoires, gens de religion.
    Li pelerin qui a Saint Jaque vont
    Le sevent bien, se ce est voirs ou non.

A. 1809. . . . . sachiez certainnement.

A. 3088. Sachiez de voir;

ähnlich J. 155. 920.

*A. 3098. . . . . de verte le saichiez.

*A. 3235. . . . . gel voz di sans fausser.

A. 3496. . . . . c'est veritez prouvee;

ähnlich J. 4193.

*A. 356. por voir le voz disommez.

†J. 1262. . . . . gel voz di et creant.

†J. 2563. . . . . par verte le voz di.

†J. 20. . . . . ce raconte la geste.

†J. 3185. . . . . ce trouvonz noz lisant.

e) Einige Male sagt er, er könne bei einem Gegenstande nicht länger verweilen:

A. 2476. Ne me chaut mais des jornees conter.

J. 3596. De lor jornees ne sai que je voz die.

Hierher gehört auch die rhetorische Frage.

3*

§. 15.
Der Ausruf.

Ausruf ist jede Art des unmittelbaren Gefühlsaus-
druckes statt des eigentlichen Gedankens. Als blosse Interjection bietet der Ausruf nichts beachtenswerthes.

1. Die gewöhnlichste Interjection in unsern Gedichten ist „h e“,
sowohl zum Ausdruck des Staunens, als des Schmerzes
und der Freude. Gewöhnlich ist in der Interjection die
Person, die den Ausruf veranlasst, genannt.

> A. 416. He, dous amis, com voz iestez preudon!
> A. 2218. He, vaillans cuens, com tu noz lais iriez.
> J. 136. He, Girart sire, com mar i fustez vouz!
> J. 1718. He las, chaitis, que porrai devenir!
> J. 2388. He mors! car me pran;

cf. J. 229. 2236.

Gewöhnlich wird bei diesen Interjectionen auch der
Name Gottes angerufen. Es findet sich diese Art der Interjection ungemein oft:

> A. 650. He, dex, dist ele, biaus pere esperitables.
> A. 694. He! dex, tant mar i vinrent;

cf. A. 807. 1277. 2443. 2832. 3084 etc.

Andere Interjectionspartikeln sind:

a) ha:

> A. 1333. Ha dex, dist elle, qui fuz nez . . . .

b) ahi:

> A. 592. Ahi! Amile, conzin bons chevaliers!
> J. 235. Ahi! Fromont, fel traitres prouvez . . .;

cf. A. 1434. 2758. 2976. J. 1278. 2183. 2536. 2809. 3173.

Einmal findet sich in einer Interjection der Name des
Teufels:

> A. 1663. Ahi! diables: . . . .

c) las und lasse:

> A. 1917. Las! n'en verrai mais mie.
> A. 1318. Et gel croi, lasse! sans nul mescroiement;

cf. A. 1337. 1522. 3042. J. 649. 671. 2804. 3244. 3372.

d) va (= eh bien).

> †J. 832. Va! qui te rueve mon vin a m'envoier?
> †J. 2468. . . . . va! quel chose iez tu ci?

cf. J. 2780.

2. Sehr oft stehen auch Interjectionen ohne Partikel; bei
diesen wird fast immer der Name Gottes angerufen:

A. 415. Dex! com regrete Amile le baron.

J. 672. Dex! com mal font cil prestre et cil cloistrier;

cf. A. 1166. 1216. 1667. 1744. 1762 etc. J. 669. 1290.
1553. 2449. 2458 etc.

Sortins, mit dem Jourdain kämpft, ruft zum Mahomed:

J. 1936. Mahomet sire, or sui je vergoingnies!

3. Der Ausruf steht zur Bekräftigung der Wahrheit,
als Beteuerungs- und Schwurformel[1]). Diese
Formeln sind bei unserem Dichter sehr mannigfaltig.
Er lässt den Redenden schwören und beteuern:

a) bei edlen Körperteilen u. ä.

A. 603. Par mon chief!

cf. A. 2646. 2721. J. 830 u. 1679.

A. 279. Par vo chief.

*A. 479. Par l'arme de mon pere.

Die gewöhnlichste Versicherung dieser Art ist: par
ma foi. Sie findet sich nur in J. und zwar:

J. 302. 372. 383. 559. 572. 847. 1469. 1479. 1484. 1583.
1688. 1787. 2038. 2284. 2324. 2355 und 2392;

b) bei Gott und göttlichen Eigenschaften. Die gewöhnlichste Beteuerung ist: Par deu; cf. A. 117. 326. 707.
733. 748. 758. 1186. 1193. 1397. 1464 etc. J. 240.
280. 327. 398. 718. 934 etc. — *A. 2419. Por deu
meisme. — *A. 3012. Por deu omnipotent. —
A. 576. Por deu de majeste; cf. J. 2895. —
*A. 3138. Por deu le roiamant. — †J. 1025.
Par celui que on doit aourer. — †J. 1152. Par celui
qui tout a a sauver. — †J. 3996. Par cel seignor
qui tout a a baillir. — *A. 1376. De par Jesu; cf.
A. 654. — *A. 2420. Par cel seignor qui fu nes de
la virge. — †J. 1703. Par cel seignor qui en la
crois fu mis. — A. 1202. Par la foi que doi de; cf.

---

[1]) cfr. die Dissertation von Konrad Tolle: „Das Beteuern
und Beschwören in der altromanischen Poesie mit besonderer Berücksichtigung der französischen". Erlangen 1883.

A. 1005. 1082. 2359. J. 242. 369. 401. — *A. 1177. Par ton saintisme non. — A. 2179. Par amor deu le pere esperitable! cf. J. 698 u. 2218. — *A. 553. Por sainte charite. — †J. 361. Par vertu dou ciel.

Ferner wird noch in folgenden Beteuerungen der Name Gottes angerufen:

*A. 1964. En non deu; cf. A. 1967. 2346. — *A. 130. En non deu sire; cf. A. 187. 347. 1864. 1944. 1950. — J. 176. Dex en soit aourez. — *A. 2492. Biax douz Jesus, voz soicz aourez.

d) Eine fernere, aber schwächere Anrufung Gottes liegt in den bedingenden Sätzen:

A. 155. Se dex m'ait; cf. A. 159. 621. 818. 1040. 1344. 1406. 1424. 1436. 1793. 1911. 1912. 1965. 2130. 2167. 2249. 2288. 2337. 2435. J. 45. 483. 1304. 3467. — *A. 3353. Se dex me face aie. — *A. 1557. Se dex me beneie; cf. A. 3345. 3351.

Gott wird zuerst, sodann werden die Heiligen angerufen:

*A. 1417. Si m'ait dex et li saint qui ci sont;. cf. A. 1426. 1836.

Ueber die Beteuerungsformeln cf. auch §. 8, 5.

4. Der Ausruf steht in den Wunsch- und Segensformeln. Auch diese stehen nie ohne die Anrufung Gottes.

a) Um Abwendung eines Unfalles, Schutz vor Gefahr etc.

A. 2257. Dex le garisse; cf. J. 1286. — †J. 1749. Dex voz soit huid garans. — †J. 3408. Dameldex l'an deffande. — *A. 1526. Dex voz face hui aiue. — †J. 109. Que dex vos puist aidier; cf. J. 829. — †J. 1772. Dex voz soit hui aidans. — †J. 2077. Cui Jesus soit aidans.

b) Um Erflehung des Beistandes, des Segens, der Gnade etc. Gottes im allgemeinen:

A. 2463. Dammeldex les conduie; cf. J. 1138. 2133. — *A. 2571. Dammeldex lor pardoingne —

†J. 2317. Dex te face pardon. — *A. 91. De deu soiez sauvez. — *A. 107. Dex te puisse sauver. — †J. 1. Que dex voz beneie cf. J. 2667. — †J. 4009. Cui dex puist beneir. — *A. 903. Que dex vos soit amis. — †J. 232. Cui dex croisse bontez. — †J. 239. Dex m'en envoit droiture. — †J. 771. Dex voz en saiche grez. — *A. 310. A deu alez. — †J. 1761. Que dex te doinst honor et hardement; cf. J. 2245.

5. Der Ausruf steht endlich in den zahlreichen Verwünschungs- und Fluchformeln.

a) Durch die Anrufung an Gott erhalten auch diese Formeln, ähnlich wie die Segensformeln, eine grössere Wucht.

A. 2191. Dammeldex la maudie; cf. J. 607. 701. 1660. — Dex le maudie; cf. A. 2362. J. 2780. 3950. — *A. 373. Jesucris le maudie. — A. 397. Que li cors deu maudie. cf. A. 289. 1359. 2601. J. 793. 3268. — †J. 186. Tout le maudie dez. — †J. 2759. Dex maudie lor armes. — A. 341. Cui dex puist mal donner; cf. A. 354. 2063. 2452. J. 2874. 3558. 4033. 4043. 4048. — *A. 1208. Cui le cors deu mal donst. — †J. 1101. Cui dammeldex mal face. — A. 2390. Cui dex puist maleir; cf. J. 1713. 3995. — *A. 1324. Dex li envoit la male mort soubite. — *A. 2189. Dex la honnisse li peres gloriouz. — *A. 764. Mal ait qui m'en espargne! — *A. 396. Ja deu ne place que vive un mois entier. — †J. 111. Dex les confonde; cf. J. 126. 349. 3871. — *A. 2635. Dex confonde vos chies; cf. A. 2643. — †J. 34. Cui dex doinst encombrier. — †J. 1607. Cui dammeldex cravant; cf. J. 4086. — †J. 271. Cui ja dex n'en aiut.

b) Fluchformeln, in denen keine Anrufung Gottet stattfindet, sind folgende:

†J. 994. La male flamme t'arde; cf. J. 1008. — †J. 2780. Va t'en! as maufez te conmant. — †J. 1022. Mar fuissez onques nes. — *A. 1714. Dont l'arme soit maudite.

Capitel III.

Figuren der Wort- und Satzverbindung.

§. 16.

Die stehenden Attributionen.

Der, bzw. die Verfasser unserer Gedichte lieben es, gerade so wie der (oder die) Verfasser der homerischen Gesänge, seinen (ihren) Helden Attributionen beizulegen, die sich gewöhnlich durch die ganze Chanson hindurchziehen und manchmal angewendet sind, wo sie eigentlich der Wirklichkeit widersprechen. So wird z. B. Jourdains in seinen späteren Jahren, als er schon lange die Oriabel zur Frau hatte, noch immer anfes (anfant) genant.

Aehnlich wie die Namen der Helden stehen auch die Namen Gottes oder Christi selten ohne nähere Bestimmung.

I. Epitheta für Gott, Christus und die h. Maria.

a. Epitheta Gottes.

Diese Epitheta sind meist Personificationen, indem Gott als ein im Himmel lebender Herrscher, als Schöpfer der Welt u. s. w. gedacht wird:

*A. 2362. Dex qui haut siet et loing voit. — *A. 2257. Li peres de lassuz. — A. 3078. Le roi de paradis; cf. A. 2130. J. 1698. 2908. 3472. — †J. 3622. Deu de paradis. — A. 576. Deu de majeste; cfr. J. 3430. 3441. — †J. 242. Deu dou ciel; cf. J. 369. 3323. — A. 2. Dex de glorie; cf. A. 3006. 3050. 3090. J. 2255. — A. 2942. Dex de glorie qui tout a a sauver; cf. A. 2933. J. 1138. 1152. 2887. 4052. — *A. 3012. Deu omnipotent. — *A. 2167. Li glorioz li peres; cf. A. 2189. — J. 669. Voirs gloriouz dou ciel; cf. A. 2093. J. 111. 1778. 2133. — *A. 1273. Li gloriouz puissant; cf. A. 2836. 2845. — †J. 502. Li gloriouz celestre. — †J. 1199. Deu qui en ciel fait vertu. — †J. 1616.

Roi puissant. — *A. 1217. Biax sire rois. —A. 650. Biaus
pere esperitable; cf. A. 2179. 3086. J. 1012. 1088. 2865. —
A. 1317. Biaus peres rois puissans; cf. A. 3150. J. 1553.
3181. — *A. 3084. Biaus peres souverains. — †J. 3035. Deu
le souverain. — †J. 1504. Pere roiamant. — *A. 3138. Deu
le roiamant. — †J. 2472. Le nostre pere. — †J. 2642.
Deu le pere qui est bons droituriers; cf. J. 3454. 3467. —
*A. 2769. Deu nostre seignor. —†J. 1025. Celui que on doit
aourer. — A. 2353. Deu qui tout a a jugier; cf. J. 3458.—
A. 2785. Deu qui tout a a baillier; cf. J. 3800. — †J. 357. Deu
le criator; cf. J. 3858. 4105. — †J. 318. Deu le verai criator.
— †J. 3871. Li peres criators. — J. 413. Peres qui formas
tout le mont; cf. A. 1667. 2992. J. 1286. 1290. 3015.—A. 1768.
Peres de tout le mont. — †J. 2544. Celui qui fist ciel et
rousee; cf. J. 2826. —†J. 2688. Dex qui nos fist a s'ymaige. —
A. 1397. Dex qui (onques) ne menti; cf. A. 1881. 2125.
2400. 2681. 2694. 2699. J. 446. 698. 1322. — A. 496. Dammeldex; cf. A. 1626. 2191 u. s. w. J. 485. 607. 771 u. s. w.
— J. 3403. Biaus sire dex. — *A. 2126. Biaus tres douz
dex. — †J. 1896. Droit deu.

b. Epitheta Christi

Sie beziehen sich meistens auf die Menschwerdung
und das Leiden Christi. Im Uebrigen sind sie ähnlich den
unter a. genannten.

α. Auf die Menschwerdung bezügliche Epitheta:

A. 2868. Li fiz sainte Marie; cf. J. 2. 2682. 3256.
3592. — A. 678. Deu le fil Marie; cf. A. 1020. 1024.
1361. 2878. 3347. J. 578. 3055. 3270. — *A. 2420. Cel
seignor qui fu nes de la virge. — *A. 2485. Qui de la
virge in Bethleant fu nes. — *A. 2491. Qui de mere
fus nes. — †J. 2450. Qui en la virge preis harbergement.
— J. 494. Qui en la virge et char et sanc preiz; cf. J. 2459.

β. Auf das Leiden bezügliche Epitheta:

A. 117. Qui en crois fu penez; cf. A. 2288. 2484.
J. 631. 2957. — *A. 1253. Qui en la crois laissaz ton

cors pener; cf. A. 2932. — A. 904. Qui en la crois fus mis;
cf. A. 2577. J. 494. 1695. 1703. 2459. 3648. — J. 1422.
Biaus sire dex, qui en crois fu dresciez. — †J. 3678.
Qui souffris passion.

γ. Sonstige, meist auf Christi Macht und Herrlichkeit bezügliche Epitheta:

*A. 1252. Biaus rois de majeste. — A. 2900. Jesus de
majeste; cf. J. 3932. †J. 3505. Jesu le puissant. — †J. 2449.
Dex, peres, rois gloriouz puissant. — A. 1376. Nostre
pere dou ciel; cf. J. 2241. — A. 2577. Gloriouz peres;
cf. J. 3678. — *A. 3162. Jesu le pere qui touz les biens
consent. — *A. 654. Jesu le pere esperitable. — †J. 2775.
Jesu notre seignor. — A. 3485. Jesus li sires; cf. J. 2460.
— *A. 2793. Jesucris qui tout a a sauver. — *A. 3008.
Jesu cui tout apent. — †J. 3316. Le verai roi Jesu. —
†J. 2438. Jesus le roiamant. — †J. 2. Li gloriouz. —
*A. 1379. Li gloriouz dou ciel. — A. 2793. Jesucris;
cf. A. 3073. 3146. 3400. J. 2622.

c. Epitheta der h. Jungfrau Maria.

A. 1333. La virge; cf. A. 2420. 2485. J. 494. 2450.
2669. 2682. — *A. 2491. Mere. — A. 1024. Sainte Marie;
cf. A. 1336. 2868. J. 2. 3256. 3592. 3956. — †J. 3956.
Roine coronnee.

II. Epitheta für die in den Chansons auftretenden
Personen.

A. In „Amis et Amiles“.

a. Amis.

α. Auf physische Eigenschaften bezügl. Epitheta:

A. 270. Amis au vis fier. — A. 2580. Amis a la
chiere menbree; cf. A. 3205. — A. 3352. Amis a la
chiere hardie.

β. Auf moralische Eigenschaften bezügliche Epitheta:

A. 12. Le baron; A. 3106. 3112. — A. 60. Dant
Amis le baron. — A. 996. Li ber; cf. A. 1039. 1724.

1887. 2479. 2496. — A. 55. Li bers apers. — A. 1862.
Li gentiz et li bers; cf. 2858. — A. 1720. Li gentiz cuens;
cf. A. 2509. — A. 488. Li gentiz hom. — A. 2218.
Vaillans cuens. — A. 2692. Vaillant conte. — A. 3273.
Li vaillans. — A. 3463. Li cuens puissans. — A. 497.
Saiges contes. — A. 2427. Cuens Amis le cortois. —
A 127. Dant Amis le cortois; cf. A. 977. — A. 588.
Li cortois et fiers. — A. 136. Li prouz. — A. 264. Li
guerrier. — J. 1426. Li bons guerriers. — J. 2050. No-
bile guerrier. — A. 2213. Vaillant chevaliers; cf. J. 76.
—A. 3365. Gentil chevalier. — J. 11. Chevalier nobile. —
A. 3144. Le combattant. — A. 3339. L'alosez. — A. 2517.
Dant Amis; cf. A. 2536. 2595.

γ. Epitheta zur Bezeichnung des Standes und der Herkunft:
A. 35. Li cuens; cf. A. 35. 44. 51 70. 144. 150.
161. 187. 323. 429. 490. 491. 539. 558. 889. 895. etc. —
A. 245. Le conte; cf. A. 544. 820. 881. 1230. 1578. 1779.
1846. 1891. 2165. etc. — A. 498. Li dus. — A. 2057.
Le vaillant conte de Blaivies la cite. — A. 2758.
Gentiz fiuls a baron. — A. 2766. Chevalier Francor. —
A. 2377. Li cuens de franche orinne.

δ. Epitheta in Anreden:
A. 979. Biax sire. — A. 2415. Biaus tres doz sire.
—A. 3048. Biaus sire Ami. — A. 2823. Biax frere; cf. A.
2826. 3433. — A. 1780. Sire vassax; cf. A. 1847. — A. 2173.
Gentiz hom sire; cf. A. 2173. 2216. 2455. 2641. —
A. 1434. Frans chevaliers de pris. — A. 1798. Frans che-
valiers nobile. — A. 1828. Seignor, franc chevalier baron. —
A. 156. Sire; cf. A. 501. 882. 1825. etc.

ε. Epitheta, die Amis beigelegt werden wegen der Beziehungen, in denen er zu Amiles steht:
Compaignon (mon, son, vostre) A. 1833. 1838.
2700. 2723. 2740. 3010. 3047. 3058. u. s. w. — Compains (mes, ses) cf. A. 477. 1134. 2751. 2869. 2940.
2928. 2947. 2997 etc. — A. 2038. Ses chiers compains.

In der Anrede:

Sire compains; cf. 519. 245. 552. 557. 577. 1898. A. 2850. Biax douz compains.

ζ. Als Kranker hat er folgende Epitheta: A. 2328. Li cuens malades; cf. A. 2486. — A. 2347. Sire malades; cf. A. 2533. 2557.

b. Amiles.

(Im allgemeinen hat er dieselben Epitheta wie Amis.)

α) Auf physische Eigenschaften bezügliche Epitheta: 714[1]) Le conte au vis cler. — 3168. A la chiere membree; cf. 3501. —

β. Auf moralische Eigenschaften bezügliche Epitheta: 415. Li baron; cf. 854. 1203. 1832. 1837. — 323. Li ber; cf. 552. 1123. — 3228. Bons ber. — 3046. Dant Amile le ber. — 124. Li preus et li cortois. — 809. Preus et senez. — 851. Li gentiz et li ber; cf. 1138. 2037. — 2042. Li prouz et li chatainne. — 64. Li gentiz hom; cf. 814. 836. — 775. Li gentiz cuens; cf. 1149. — 2826. Li cuens vaillans. — 245. Li guerrier. — 430. Danz Amiles; cf. 1487. 2009. — 592. Bons chevaliers. — 1820. Li gent; cf. 3277. — 3141. Li hardis combatans. — J. 37. Le fier; cf. J. 78. 97. 1428.

γ. Epitheta zur Bezeichnung des Standes und der Herkunft: 75. Li cuens; cf. 83. 90. 104. 264. 270. 575. 584. 603. 607. 620. 623. 631. etc. 58. Li conte; cf. 79. 171. 502. 532. 627. 648, etc. — 1067. Fiuls de baron. — 517. Li chatainne; cf. 2042.

δ. In Anreden: 628. Sire; cf. 696. 719. 1125. 1169. 1204. 1439. 2029. 2691. 2871. 3228. — 612. Biaus sire; cf. 3273. — 1931. Vassax. — 2992. Biax sire peres. — 3000. Biax tres douz peres. — 840. Frans chevaliers membrez.

ε. Epitheta, die dem Amiles beigelegt werden wegen der Beziehungen, in denen er zu Amis steht:

---

[1]) Da die folgenden Epitheta sich meist nur in A. finden, so bezieht sich die Verszahl immer auf A.

Compaingnon (mon, son) 972. 1698. 1705. 1772.
1783. 1897. 1929. 2025. 2028. 2764. 3054. — (mon)
compaingnon gentil. 2675. 2687. — Mon (mien, vostre)
chier compaingnon 502. 863. 1673. — Compains (mes,
ses). 543. 1964. 3464.

In Anreden:

546. Sire compains; cf. 977. 996. 1018. 1030. 1039.
1063. 1070. 1086. 1089. 2894. 3271. — 192. Biax douz
compains. — 1090. Biaus chiers compains.

c. Amis und Amiles.

184. Li conte; cf. 199. 449. 451. 456. 465. 3125.
3132. 3313. 3319. — 385. Li dui conte; cf. 433. 438.
587. 3479. 3099. 3105. 3122. — 1941. Li conte andui.
— 3301. Li dui conte proisie. — 14. Li baron; cf. 3102.
3326. 3469. 3472. 3487. 3491. J. 6. — 201. Li dui baron;
cf. 3115. 3490. 3500. — 3126. Li compaignon; cf. 3294.
3321. — 16. Ces II compaingnons. — 223. Andui li
compaingnon. — 11. Bons compaingnons. — 3117. Am-
bedui chastelain.

In der Anrede:

444. Seignor; cf. 466. 1958. — 3346. Seignor baron.

d. Hardrez.

α. Auf moralische Eigenschaften bezügliche Epitheta:

228. Li felon; cf. 419. 1187. 2760. — 400. Li fel;
cf. 765. 1035. 1482. 1639. — 258. Fel et losengiers. —
722. Fel et traitres. — 237. Li losengiers; .cf. 591. —
288. Li traitres; cf. 299. 715. 738. 1008. 1323. 1359.
1464. 1571. 1605. — 1232. Li traitor; cf. 1665. 1713. 1902.
2935. — 308. Le maus traitres. — 1654. Le traitor
felon. — 988. Le traitor sans foi. — 1010. Le traitor
prouve. — 372. Li traitres parjurs. — 454. Gloutons
traitres. — 357. Traitres et lerre; cf. 366. — 454. Cuivers.
— 436. Licuivers losengiers. — 1582. Li cuivers maleis. —
445. Li cuivers de put lin. — 1380. Li cuivers renoie;
cf. J. 1427. — 1493. Li lerre. — 1256. Li glouz; cf.
1321. 1425. 1441. 1460. 1607. 1672. 1681. — 734. Le

parjure. — 278. Li renoiez. -- 986. Li maleois. — 2832.
Le tyrant. — 617. Qui tant est fel et cruels et traitres.
— 1516. Dans; cf. 1727. — J. 77. Le (conte) droiturier;
cf. J. 95. — J. 224. Li prou conte.

β. In Anreden:
325. Sire; cf. 297. 1345. — 305. Biax sire; cf. 310.

e. Girars

α. Auf physische Eigenschaften bezügliche Epitheta:
2244. Li anfes (l'anfes, anfant); cf. 2259. 2299. 3276.

β. Auf moralische Eigenschaften bezügliche Epitheta:
2204. Li dammoisiaus legiers. — 2279. Frans dammoisiax membrez. — 2286. Li dammoisiax membrez. —
2290. Li dammoisiaus senez.

γ. Epitheta zur Bezeichnung des Standes und der Herkunft:
2290. Li conte. — Fil (fiz) (mon, ses, son) 2230.
2294. 2430. 2436. 3309. 3359. 3367. 3422 3460.

f. Carl der Grosse

α. Auf physische Eigenschaften bezügliche Epitheta:
3396. Au vis fier. — 1984. A la barbe chenue. —
J. 3602. A la barbe florie.

β. Auf moralische Eigenschaften bezügliche Epitheta:
781. Charlemainne; cf. 2043. 3396. — 236. Li ber. —
1395. Li gentiz. — 257. Li gentiz et fiers. — 1765. Moult
fiers et nobiles. — 283. Moult preuz et nobile. — 1574.
Li riche roi puissant; cf. 2551. — J. 1142. Li fort roi
couronne; cf. J. 3605. — J. 1430. Le fort roi droiturier;
cf. J. 1600.

γ. Epitheta zur Bezeichnung des Standes und der Herkunft:
284. Li rois; cf. 732. 740. 745. 767. 773. 789.
802. 810. 813 u. s. w. J. 1076. 1094. 1099. 1123. 1130. 1601.
— 2198. Rois qui France a a baillier; cf. 383. 677. — J. 3623.
Roi de Saint Denis. — J. 3620. Charlon de Saint Denis.
— 363. Li (nostre) emperere; cf. 526. 530. 533. 581.
734. 1233. 1238. 1257. 1371. 1385. 1472. 1843. 1845.
— 1387. Li empereres de France. — 1394. Li fiuls Pepin;
cf. 1415.

δ. In Anreden:

239. Drois empreres; cf. 243. 260. 406. 461. 470. 476. 728. 760. 782. 1265. 1326. 1377. 1704. — 1694. Drois· empereres ber. — 1400. Biaus sire; cf. 1786. — 1781. Biaus douz sire. — 1252. Biaus rois de majeste.

g. Lubias.

α. Auf physische Eigenschaften bezügliche Epitheta.

1884. Au cler vis. — 468: La blonde. — 2200. Meschinne au gent cors afaitie.

β. Auf moralische Eigenschaften bezügliche Epitheta.

468: La cortoise. — 881: La gentiz damme. — 500. La male fame. — 2007. La male damme; cf. 2063. 2390. 2452. — 2312. La male mere. — 2346. La fausse; cf. 2370. 2401. 2432. 2438. — 2214. Tres fausse moilliers. — 2178: La gaillarde.

γ. Epitheta in Bezug auf Stand und Herkunft:

2069. Sa moillier. — 490 (La) damme (nostre, ma); cf. 860. 1124. 1190. 2158. 2162. 2380. 2416. 3454. — 472. Fille de mon frere. — 3333. La serov dant Hardre.

δ. In der Anrede:

506. Damme; cf. 862. 866. 889. 1191. 1223. 1983. 1989. 2070. 2082. 2139. 2341. 2363. 3454. — 2335. Lubias damme; cf. 2394. 2429. 2435.

h. Belissant.

α. Auf physische Eigenschaften bezügliche Epitheta.

609. Au vis cler; cf. 1237. 1255. 1946. 2053. 2801. 3288. — 2746. La bele o le vis cler; cf. 3217. — 227. A la clere fason; cf. 2818. 3109. — 1006. Au gent cors honore; cf. 1014. — 1268. La bele; cf. 1573. 1755. 1824. 3011. — 1505. La belle fille Karle; cf. 423. — 983. Qui le cors ot adroit; cf. 992. — 3128. Qui moult ot le cors jant. — 3288. La belle fame.

β. Auf moralische Eigenschaften bezügliche Epitheta.

695. La gentiz damme. — 1433. La pucelle gentiz. — 612. La franche meschinne. — 1800. La cortoise meschinne.

γ) Epitheta in Bezug auf Stand und Herkunft:

662. La (ma) damme; cf. 710. 714. 1378. 1974. 3293. — 1319. La fame Amile; cf. 3128. — Fille (ma, ta vostre); cf. 1320. 1329. 1339. 1684. 1710. 1780. 1792. — 414. La fille Karle; cf. 442. 566. 609. 677. 718. 885. 1127. 1501. 1534 etc. — 624. La fille au roi Karlon; cf. 643. — 2043. La fille Charlemainne.

δ') In Anreden:

702. Damme; cf. 1830. 1964. 2750. — 620. Douce amie.

i. Epitheta der übrigen in A. auftretenden Personen.

α. Die Königin.

796. La roine; cf. 838. 1450. — 1373. La roinne o le cors afaitie.

La damme;

αα. in der Anrede: 816. 1242.

ββ. ausserhalb der Anrede: 815. 822. 1251. 1332. 1343. 1352. 1355.

β. Buevon.

Fiz (mon, mes, ton, son); cf. 801. 1237. 1255. 1269. 1320. — 849. Li anfes.

γ. Garins und Haymes.

2459. Li serf; cf. 2503. 2582. 2620. — 2391. Li dui serf; cf. 2509. 2516. — 3265. Ses douz bons sers. — 2411. Prou et nobile. — 2421. Preu et cortois. — 2473. Prou et sene. — 2503. Preu et vaillant. — 2572. Preu et gentil.

δ. Auloris.

1610. Filleus. — 1625. Biaus filleus.

ε. Garnier (einer der Ritter des Amis).

1864. Li saiges.

ζ. Der Erzbischof:

2119: Sire evesques gentiz. — 2121. Sire evesques benis.

B. In Jourdains de Blaivies.

α. **Auf physische Eigenschaften bezügliche Epitheta:**

3456[1]). Au vis fier. — 3955. A la chiere membree; cf. 3120. — 3841. A la chiere hardie. — 26. L'anfant; cf. 273. 876. 1173. 1256. 1489. 1494. 1497. 1530. 1535. u. s. w. — 299. L'anfes; cf. 766. 871. 893. 979. 994. 1469. 1513. 1566. 1575. 1683. 1687 u. s. w. — 765. Li anfes; cf. 816. 956. 962. 1110. 1197. 1218. 1229. 1383. 1464. 1922. 1929. 1948. 1954. 1963 u. s. w. — 783. L'anfanson petit.

β. **Auf moralische Eigenschaften bezügliche Epitheta:**

1274. Baron. — 1394. Li ber; cf. 2523. 4078. — 3563. Li gentiz et li ber. — 1278: Li gentiz hom; cf. 3672. — 801. Li dammoisiaus nobiles. — 1244. Le vaillant. — 1573. Le vaillant escuier. — 3757. Li guerriers. — 2131. Li noble guerrier; cf. 2173. — 2829. Li chevalier. — 2616. Le gentil chevalier. — 3658. Le chevalier prisie. — 2381. Le chevalier membru; cf. 3072. — 3443 Au coraige adure. — 2557. Qui le cors ot hardi. — 3396. Au fier coraige; cf. 3746. — 2855. Au cuer loyal. — 4063. Li adurez. — 3067. L'alose. — 3218. Li membre; cf. 3278. — 3638. Li marchis; cf. 4175. — 1035. Le glouton.

γ. **Epitheta zur Bezeichnung des Standes und der Herkunft:**

216. Li fil Girart; cf. 253. 274. 296. 348. 449. 571. 583. 586. 604. 682 u. s. w. — 311. Li fil dant Girart; cf. 370. — 1022. Li fiuls Girart. — 30. Son chier fil. — 2866. Seignor (mon, son); cf. 2870. 3056. — 2464. Mon mari. — 3125. Peres (mon, son, ses, vostre); cf. 3130. 3143. 3155. 4163. — 3175. Mon pere le franc. — 2952. Son filleus. — 1235. Nostre sire.

δ. **In Anreden:**

902. Biax fiz. — 1515. Biaus anfes. — 951. Biaus sire; cf. 1203. 3470. — 1327. Biax amis. — 2473. Biaus

---

[1]) Die folgenden Zahlen beziehen sich auf J.

frere. — 2025. Dammoisiaus frere. — 1464. Biaus dammoisiaus cortois. — 2087. Sire; cf. 2100. 2116. 2559. 3323. 3331. 3466. 3526. 3752. 4182. — 2174. Sire Jordain; cf. 2236. 3232. 3318. — 1342. Dammoisiax sire; cf. 1466. 1479. 1772. 1827. 1888. — 3471. Chevaliers sire. — 2620. Amis Jordain; cf. 3374. — 877. Vassal. — 323. Filleus Jordain. — 922. Filleus.

b. Girart.

α. Auf moralische Eigenschaften bezügliche Epitheta:
170. Li gentiz et li ber. — 288. Dant Girart. — 1424. Li chevalier. — 2049. Li vaillans chevaliers. — 843. Li gentil chevalier; cf. 911. — 137. Frans chevaliers hardis et coraijouz. — 44. Nobiles chevaliers. — 1605. Le combatant.

β. Epitheta zur Bezeichnung des Standes und der Herkunft:
Pere (mon, son); cf. 3764. 4044. 4051. — 911. Duc Girart.

γ. In Anreden:
44. Sire; cf. 47. — 136. Girart sire; cf. 229.

c. Renier.

α. Auf physische Eigenschaften bezügliche Epitheta:
1137. Au vis cler. — 3570. Au fier vis. — 2680. A la chiere hardie. — 4199. A la chiere membree; cf. 4220.

β. Auf moralische Eigenschaften bezügliche Epitheta:
1174. Li ber. — 1276. Le franc baron. — 1109. Li preus, li cortois et li saiges. — 974. Li saiges. — 4176. Li gentiz; cf. 1313. — 1213. Le vaillant; cf. 1250. 2078. — 1131. Au fier coraige; cf. 1518. — 3222. Au coraige adure. — 335. Au coraige vaillant. – 376. Nobiles chevaliers; cf. 544. 721. — 1589. Vaillans chevaliers. — 2911. Li chevalier de pris; cf. 3574. 3621. 3636. — 4103. Le gentil poingneor. — 2086. Le combatant. — 1024. Li fel.

γ. Epitheta zur Bezeichnung des Standes und der Herkunft:
851. Le conte; cf. 898. — 899. Maistres (Mon, ses, son); cf. 959. 1599. 2055. — 266. Mes sires. — 290.

Mon seignor. — 1278. Parrains (mon, mes, son, ses, siens, vostre); cf. 1310. 2093. 2536. 2552. 2555. 2566. 2589. 2629. 2687. 2890. 2961. 2972. 3290. 3480. 3781. etc. — 23. Li fil Gontelme.

δ. In Anreden:

944. Biaus sire. — 465. Frans chevaliers gentiz. — 342. Frans chevaliers vaillans. — 169. Sire Renier ; cf. 240. 342. 501. 544. 629. 721. 774 etc. — 464. Sire; cf. 514. 4069. — 3034. Sire parrain; cf. 4201. — 903. Peres.

d. Marques.

α. Epitheta zur Bezeichnung des Standes:

1391. Li rois; cf. 1395. 1434. 1456. 1466. 1472. 1478. 1615. 1628. 1639. 1783. u. s. w. — 1356. Li rois Marques; cf. 1386. 1399. 1416. 1535. 1564. 1623. 1676. 1992. 2598. 4184. 4208. — 4195. Le sien pere.

β. In Anreden:

1394. Biax douz sire; cf. 1645. — 1486. Sire rois. — 1672. Biax sire rois. — 1523. Peres; cf. 1787.

e. Fromont.

α. Auf moralische Eigenschaften bezügliche Epitheta:

108. Li fel; cf. 193. 271. 338. 357. 516. 541. 564. 679. 748. 812. 874. 891. 1020. 3686. 3811. 3936. 4004. — 612. Felon home. — 33. Le traitor resp. li traitres; cf. 35. 584. 787. 800. 949. 1722. 3549. 3564. 3991. 4001. 4017. 4050. 4067. 4114. 4133. — 131. Le felon traitor. — 235. Fel traitres prouvez; cf. 4121. — 338. Li cuivers traitors; cf. 4098. — 491. Li traitres faillis; cf. 772. — 1283. Li traitres felons. — 55. Li gloz; cf. 164. 830. — 287. Glouton maleoit. — 116. Li cuivers; cf. 613. 874. — 3679. Cel cuivert larron. — 444. Li posteis. — 812. Li renoiez ; cf. 3668. — 903. Li losengiers; cf. 1586. — 914. Le felon losengier. — 1130. Li sauvaiges. — 1549. Le tyrant. — 3927. Li parjurez. — 769. Son annemi mortel.

β. Epitheta zur Bezeichnung der Herkunft:

149. Le fil Alain.

γ. In Anreden:

106. Sire; cf. 245. 350. 605. 621. 699. 727. 734. 778. 829. 847. — 151. Sire Fromont; cf. 696. 824. 862. 1029. 1163. 3779. 3863. — 163. Biaus sire. — 824. Nobiles chevaliers; cf. 862. — 696. Frans chevaliers gentiz. — 3885. Oncles Fromont.

f. Oriabel.

α. Auf physische Eigenschaften bezügliche Epitheta:

1387. Au vis cler; cf. 2868. — 1403. Qui moult ot le vis cler. — 1521. La bele; cf. 1723. 2803. 2061. — 2603. La bele o le vis cler. — 2470. La clere; cf. 2476. — 2460. La gentil. — 1356. Au cors chier. — 1388. Au gent cors honore; cf. 3427. — 1760. Au cors jant; cf. 1983. — 1781. Qui ot le cors legier; cf. 2028. — 2080. Au gent cors avenant; cf. 2800. — 4100. A la fresche coulor. — 1448. La pucelle; cf. 1484. 1489. 1514. 1523. 1538. 1604. 1612. 1666. 1710. 1734. 1746.

β. Auf moralische Eigenschaften bezügliche Epitheta:

2084. Franche damme vaillans. — 2144. La gentiz damme.— 2549. La cortoise senee; cf.4218. — 2626. Vostre franche moillier. — 3571. La damme seignoris. — 4228. Qui tant ot renommee.

γ. Epitheta zur Bezeichnung des Standes und der Herkunft:

2570. Fame; cf. 2660. 4227 etc. — 2100. Moilliers (sa, vostre); cf. 2126. 2163. 2174. 2548. 2667. 2793. 3223 etc. — 2130. Fille; cf. 2600 etc. — 1505. Vostre pucelle. — 2314. La fille au roi Marcou. — 1758. Damme; cf. 2148. 2151. 2155 etc.

δ. In Anreden:

1487. Ma belle fille; cf. 1529. 1784. 1790. — 3482. Ma mere; cf. 4162. — 3375. Ma franche mere. — 3170. Ma douce mere. — 1585. Ma dammoiselle. — 1688. Damme; cf. 1756. 2084. 2113 etc. — 2181. Ammie; cf. 2185. — 2494. Suer bele. — 3493. Gentiz damme avenans.

g. Gaudiscete.

α. Auf physische Eigenschaften bezügliche Epitheta:

2405. La bele; cf. 3178. 3251. 3380. 3471 etc. —
3471. Au cler vis; cf. 3520. 3553. — 3572. Qui moult
ot cler le vis. — 3071. La bele au cors mosle; cf. 4172.
— 3510. Au gent cors avenant. — 4158. Au gent cors
acesme. — 3447. Au gent cors honore. — 3500. L'anfant. — 3091. La pucelle; cf. 3098. 3103. 3116. 3136.
3142. 3152. 3165. 3187. 3189. 3191. 3203. 3324 etc.

β. **Auf moralische Eigenschaften bezügliche Epitheta:**
3394. La pucelle honoree. — 3503. La pucelle
vaillans. — 3494. Nostre fille vaillant. — 4101. Qui moult
a de valor. — 3233. La meschinne.

δ. **Epitheta zur Bezeichnung der Herkunft:**
Fille (ma, sa, vostre); cf. 3057. 3063. 3066. 3213.
3230. 3247. 3269. 3280. 3312. 3317. 3319. 3345. 3419.
3491. 3530 etc. — 2612. Ma filleste. — 3501. Ma belle
fille. — 3095. La fille Jordain. — 3072. Fille Jourdain
le chevalier membre.

γ. **In Anreden:**
3161. Gentiz pucelle; cf. 3180. 3456. — 3117.
Dammoiselle senee.

h. Hermenjart.

α. **Auf moralische Eigenschaften bezügliche Epitheta:**
13. Preus et nobile. — 17. La gentil dammoiselle.
— 1425. Sa cortoise moillier.

β. **Epitheta zur Bezeichnung des Standes:**
118. Sa moillier; cf. 222. 289. — 927. La duchoise.
— 3766. Mere.

γ. **In der Anrede:**
138. Damme Hermenjart.

i. Erembors.

α. **Auf physische Eigenschaften bezügliche Epitheta.**
691. Au cler vis. — 1314. Qui avait cler le vis.
— 1277. A la clere fason. — 723. Au vis fier. — 1228.
Au gent cors avenant; cf. 2094. — 1110. La large; cf.
966. 1132. — 1311. Au gent cors seignori.

β. Auf **moralische** Eigenschaften bezügliche Epitheta:

336. La bonne damme. — 574. La damme nobile; cf. 647. — 597. La gentiz damme. — 4102. La gentil Eremborc. — 3573. La gentiz, Fame Renier. — 1519. La cortoise et la saige. — 966. La cortoise et la large. — 4200. ·La cortoise senee. — 1591. Sa cortoise moilliers.

γ. Epitheta zur Bezeichnung des Standes:

259. Damme Erembors; cf. 263. 282. 305. 562. 1137. 1232. 1250. 3573. — 277. Damme; cf. 314. 322. 328. 331. 374. 406. 462. 486. 501. 510. 582. 638. 669. 725. 951. — 4103. Fame Renier. — 4214. Sa marrinne; cf. 4219.

δ. In **Anreden**:

268. Damme: cf. 308. 372. 383. 567. 572. 581. — 533. Ma douce damme. — 505. Suer bele.

§ 17.
Das Epitheton ornans. [1])

Das Epitheton ornans wird einem Substantive als Schmuck hinzugefügt, obwohl das Substantiv allein schon die durch das Adjectiv ausgedrückte Eigenschaft ein für alle. Mal in sich schliesst oder doch in dem Zusammenhange, in welchem es erscheint, ohne jene Eigenschaft nicht gedacht werden kann. Durch das Epitheton wird also der Gedanke erweitert und veranschaulicht und das jedesmal wichtigste hervorgehoben.

Unsere Gedichte zeigen, wie die altfrz. Chansons de geste überhaupt, eine grosse Menge solcher Epitheta. Die bedeutendsten derselben seien hier angeführt:

a) Vor allem liebt es der Dichter, den Benennungen der verschiedenartigen Waffen und Rüstungsbestandteile epitheta ornantia hinzuzufügen:

α. brant.

---

[1]) Ueber die Epitheta ornantia, die Personen beigelegt werden, cf. § 16.

A. 963. brant d'acier; cf. A. 1160. 1164. 2974. 3027. J. 1201. 1865. 1932. 3983. 4003. 4040. 4057. 4060. — *A. 1738. brant d'acier forbi. — †J. 3310. brans d'acier molu. — *A. 2784. bon brant. — †J. 3617. brant acere. — *A. 3156. acerin brant.

β. espee und espie (Schwert und Speer).

*A. 390. espee d'acier. — †J. 1049. espie acere. — †J. 199. espie noiele. — †J. 206. espee au poing d'or noele; cf. J. 1946. — †J. 585. espee forbie; cf. J. 643. 948. 2845. 3273. — †J. 2757. espie quarre. — †J. 1043. fors espies quarrez. — †J. 3306. espies esmolus. — †J. 1002. espee au brun coutel. — A. 1457. roit espie; cf. J. 970. 1067. 1073. — *A. 924. roit espie forbi. — A. 785. espee tranchant; cf. A. 933. 1563. J. 1550. 1558. 1618. 2762. — A. 1922. roit tranchant espie; cf. J. 1768. 1802. 1885. 1899. 2003. — †J. 385. bonne espee; cf. J. 1659. — †J. 221. espee dou lez.

γ. lance.

*A. 1304. lance tranchant.

δ. fer[1]).

†J. 1911. fer tranchant molu. — †J. 1916. fer nu.

ε. escu.

†J. 1042. escus bouclers. — *A. 1446. escu liste; cf. A. 1456. — †J. 1801. escus de quartiers; cf. J. 1884. 1997. — *A. 215. escus as lyons; cf. A. 1649. 1658. — *A. 934. fort escu. — †A. 962. pezant escu. — †J. 1767. fort escu pezant.

ζ. elme (in J. hiaume und iaume).

†J. 1063. vert hiaume. — *A. 370. vers helmes aguz. — *A. 1738. vert elme burni. — *A. 1599. vers elmes gemmez. — A. 1936. elme vergier; cf. J. 1924. — *A 786. elme d'acier. — *A. 212. elme reont; cf. A. 1646. — A. 1564. elme luisant; cf. J. 1745. 1958.

---

[1]) cf. Capitel L § 3, 2.

η. **hauberc.**

A. 1569. blanc hauberc; cf. A. 1655. 1937. J. 204. 1053. 1072. 1902. 1999. 2012. — †J. 1978. hauberc jazerant. — *A. 1740. bon hauberc treslis.

ϑ. **esperons.**

*A. 1476. esperons tranchans; cf. A. 1677. — *A. 142. esperons d'argent. — †J. 1898. esperons d'or mier; cf. J. 1996. 2004. — *A. 175. esperons dorez. — †J. 1911. esperons agus.

ι. Ausserdem finden sich noch folgende zur Waffen-rüstung gehörige Gegenstände mit epitheton ornans versehen:

*A. 1692. arsons dorez. — A. 402. selle doree; cf. J. 3962. — †J. 3306. haches d'acier. — †J. 2753. dars empanez. — †J. 2756. quarrel empenne. — †J. 1066. la doree targe.

b) Dem Rosse werden folgende Epitheta ornantia beigelegt:

A. 931. bon corrant destrier; cf. A. 2014. J. 40. 889. — *A. 80. destrier sejorne; cf. A. 845. 1179. 1455. 1467. 1859. 1892. — *A. 922. bon cheval de pris; cf. A. 1885. — *A. 1459. bons chevax; cf. A. 1717. — *A. 2123. murlet arrabi; cf. A. 2405. 2409. 2608. — †J. 969. bon destrier d'Arabe; cf. J. 1649. 1664. 2069. — *A. 1114. destrier arrabis. — *A. 214. destrier arragon; cf. A. 1648. — *A. 1657. destrier gascon. — †J. 3596. de-striers de Surie. — *A. 1032. destrier quernu. — *A. 1930. aufferrant corsier; cf. A. 1935. — A. 961. auffer-rant quernu. — *A. 784. aufferrant destrier. — †J. 1041. destriers corrans et abrievez.

c) Der Schüssel, in welcher Amiles das Blut seiner Kinder auffängt, gibt der Dichter folgende Epitheta:

A. 2914. bacin cler; cf. A. 3044. — A. 3025. bacin chier. — A. 3062. bacin reont. — A. 3029. cler bacin d'or mier. — A. 2962. bacin dore. — A. 3022. cler bacin d'argent.

d) Die Stufen einer Treppe haben immer das Epitheton „marmorn":

A. 313. mauberins degrez; cf. A. 1139. 2424. J. 1459. — A. 645. degrez de maubre; cf. J. 981. 1015.

e) Die hauptsächlichsten der übrigen Epitheta gruppiere ich alphabetisch nach dem Anfangsbuchstaben, ohne jedoch zusammengehöriges zu trennen:

*feu ardant; A. 1275. — *chandeille ardant; A. 1297. — †adure coraige; J. 988. 3222. 3443. — †gens aduree; J. 3393. — †cors avenant; J. 3162.

*blanche char; A. 1428. — †argent blanc; J. 1609. — †maubre bis; J. 3633.

*maubre de coulor; A. 2770. — *tapis chier; A 3031. — *Pavement chier; A. 272. — *chier bliant de paile; A. 772. — *sanc cler; A. 3232. — †sollers de cordoant; J. 1495.

†espines dures; J. 313. — †droite verite; J. 3076.

*aloe espreviers; A. 2660. — †famme espousee; J. 931.

*porte ferree; A. 483. — *fier coraige; J. 1131. 1518. 1929. 3396. — or fin; A. 1386. 1398. J. 478. — *fine verite; J. 2825.

†cite garnie; J. 3258. 3836. — *grans plentez; A. 1081.

*mauvaise gent haie; J. 2183. — †pute gent haie; J. 646. 2681, 2835. — †haute mer; J. 2686. 2891. 3164. — †bonne gent hardie; J. 3594. — *hermin pelison; A. 625. 1210. 1642. 2549.

*joins marraiges; A. 1301.

†cite loee; J. 2524. 3341. 3727. 3935. 4209.

†male haine; J. 3237. — *mal putaige; A. 888. 1131. — piaus de martre; A. 658. 670. 2155. J. 1496. — *palais mauberin; A. 1431. 1742. 2575. — †or miers; J. 389. 817. 820. 1840. 1898. 1996. 2004. — †mirable cite; J. 4169. — †deniers monnaez; J. 2226. 2285.

†nuis obscure; J. 973. — *mantel osterin; A. 666.

†chauces de paile; J. 1495. — †range de paile;
J. 1064. — *deniers parisis; A. 2124. 2406. — palais
pavee; A. 3263. 3341. J. 4134. — sale pavee; A. 2166.
3176. J. 4232. — *sale perinne; A. 294. — †pezant
encombrier; J. 2617. — †torment pezant; J. 713. —
palais plennier; A. 269. 3303. J. 2048. — paile ploie;
J. 1339. — †baston de pomier; J. 855. 894. — *espinnes
poignnans; A. 1301. — *chambre pointe a flor; A. 2768.
— †veritez prouvee; J. 3129. 3337. 3363. 4193.

*broillet rame; A. 335. — *rouge sanc; A. 3063.
— †ruiste fierte; J. 3444.

†bries saielez; J. 2288 4147. — †mer salee; J. 2141·
2538. 2825. 3145. 3338. 4224. — cite seignoril; A. 2686.
J. 3631. — *lit suef; A. 2898. — †mer synglant;
J. 1216. 1245.

†coutel tranchant; J. 1957.

*cite vaillant; A 3455. - †coraige vaillant; J. 335.
1606. — †sans vermaus; J. 858. — *pres verdoians;
A. 1470. — *vermoil syglaton; A. 626. — *vert paile
auffriquant; A. 2744. — †siecle vivant; J. 709. —
†chambre voltie; J. 576.

†mer waucrant; J. 1269.

§. 18.
Die Zergliederung.

Während durch das Epitheton ornans eine wesentliche
Eigenschaft oder eine besondere Seite des Begriffes veranschaulicht wird, bringt die Zergliederung den Begriff
dadurch klarer zum Bewusstsein, dass sie ihn in seine Teile
zerlegt, so dass man aus den Einzelheiten das Ganze deut-
licher erkennt. Da häufig nicht alle, sondern nur einzelne
Teile eines Begriffes genannt werden, so berührt sich die
Zergliederung eng mit der Synekdoche; cf. § 6.

Die Zergliederung ist in A. und J. sehr oft angewendet
und zwar sowohl bei der Negation wie bei der Affirmation.

I. Zergliederung der negativen Ausdrücke; meist durch Zusammenstellung von Gegensätzen:

a. das allgemeine Niemand:

> *A. 67. Mais jl ne treuve escuier ne garçon
> Ne clerc ne lay, qui l'en die raison.
> *A. 665. Onques ne quist garce ne chamberiere.
> A. 1472. Nostre emperere a fait crier son ban,
> Que il n'i ait chevalier ne serjant . . .;

ähnlich A. 1814. J. 1366. 1419. 2368.

> *A. 1810. Ne li rois ne sa gent.
> *A. 1819. Ja n'i auraz aide d'ami ne de parent;

cf. A. 1404. 2105.

> *A. 2206. Et s'il i a serjans ne chevaliers
> Ne un ne autre ne prevost ne doien
> Qui envers moi ait fraite s'amistie.
> *A. 2366. Ne uns ne autres, chevaliers ne borjois;

cf. A. 2373.

> *A. 2380. De par ma damme voz criomez un ban,
> Que il n'i ait escuier ne serjant
> Ne chevalier, home nul ne anfant; cf. A. 1923.
> †J. 478. Prevos ne maires.
> †J 1367. Riches pucelles ne cortoises moilliers;

cf. J. 1420. 2369.

> †J. 1374. Mais n'i trouva ne anfant ne moillier.
> †J. 1582. Ne a pucelle ne a cortoise moillier.
> J. 1633. Ne un ne autre.
> †J. 1253. N'el welent croire ne Reniers ne sa jant; cf. J. 1770.
> †J. 1941. Ne dex ne home ne voz puet plus aidier;

cf. auch: J. 1194. 1259. 2397—98. 2425. 3468.

b. Aehnlich sind die Zergliederungen für das allgemeine Nichts; meist jedoch ohne Gegenüberstellung von Gegensätzen:

> A 72 Selonc la mer n'ot chastel en estant
> Ne borc ne ville ne nul harbergement.
> A. 636. Et moi volez qui n'ai un esporon
> Ne borc ne ville ne chastel ne donjon;

ähnlich A. 1700—1701. 1707—1708. J. 219. 615—16. 1288.

> *A. 716. Mais il ne treuvent ne foi ne loiaute.

†J. 279. Ne poing ne pied n'i a encor perdu.

J. 477. La n'a mestier ne li vairs ne li gris.

c. Nirgends, Niemals:

*A. 1114. Montent es selles des destriers arrabis,
Ainz n'arresterent a pui ne a larris.

*A 1749. N'en laissier nul en chemin ne en rue.

†J. 468. Ne venras mais en cort ne en pais.

†J. 2545. Jamais en ville n'enterrai n'en contree.

†J. 3362 . . . . ne soir ne matinnee. — †J. 1176. A port n'a rive.

II. Zergliederung der affirmativen Ausdrücke.

In affirmativen Zergliederungen finden sich ähnliche Zusammenstellungen von Gegensätzen wie bei den negativen:

†J. 303. Chevaliers et borjois. — *A. 3118. Et borjois et vilain. — †J. 2377. Dammes et chevaliers — J. 3547: Li demainne et li per.

†J. 804. Serjant et chevalier
Et clerc et lay et prestre de monstiers.

*A. 2145. Li clerc et li lai; cf. A. 2540.

*A. 1418. Confessor et martyr. — A. 1416. Li grant et li petit; cf. A. 2102. J. 470. 1502. 1565. — *A. 1533. Les gens les grans et les menues. — J. 4099. Li grant et li menor. — *A. 2246. Li vieil et li chenu; cf. A. 2255 2555. — *A. 3250/51. Estrange et prive et povre et riche. — †J. 996. Li fol et li saige. — A. 2607. Li vair et li gris.

Zur Bezeichnung des Begriffes Ueberall finden sich folgende Zergliederungen:

A. 85. Et par terre et par mer; cf. J. 2565. 2884. — *A. 149. Et aval et amont. — †J. 2200. Et derriere et devant. — †J. 3785. Et devant et derriere. — †J. 1266. Et arriere et avant. — J. 4170. Et de lonc et de le. — †J. 3674. Entor et environ. — †J. 3037. A ville et a plain.

Gänzlich drückt der Dichter auf folgende Weise aus:

*A. 2637. Nos sommes sien et des mains et des pies.

Es finden sich einige Zergliederungen, in denen die Masculin- und die Femininform desselben Nomens gebraucht ist:

*A. 3078. Deu en rent graces le roi de paradis
Et ses sains et ses saintes.

*A. 300. Forment me het li rois et la roinne.

†J. 2019. Assez ont prins Sarrazins et paiens
Et murls et murles.

III. Ungemein häufig findet sich die Art der Zergliederung, in der sich weniger eine Zusammenstellung von
Gegensätzen, als eine Aufzählung der eiuzelnen Teile
eines Begriffes geltend macht. Ich betrachte nur folgende
Arten derselben, die sich am häufigsten bei unserem Dichter
finden:

a. Sehr oft werden die Teile einer Mahlzeit aufgezählt:

*A. 2698. Va, se li porte et dou pain et dou vin
Et de la char.

*A. 3256. Pain ot et vin et piument et clare
Et char de buef, venoison et saingler.

†J. 61. Et pain et char et clare et vin viez; cf J. 359.

†J. 813 Assez i ot venoison et daintiers
Grues et jantes et maslars et plouviers

b. Wenn von Waffen die Rede ist, unterlässt es der Dichter
selten, diesen Begriff zu zergliedern:

A. 212. Vestent haubers, lacent elmes reons,
Ceingnent espees as senestres girons,
Montent es selles des destriers arragons,
A lor cols pendent les escus as lyons.
Et en lor poins les roiaus confanons.

A. 843. Vest son hauberc s'a son elme ferme
Et ceinst s'espee a son senestre lez,
Monte an la selle dou destrier sejorne,
Prent en son poing un roit espie quarre
Et a son col a un escu giete.

A. 924. En terre fiche son roit espie forbi,
L'auberc ne l'iaume n'a il pas degerpi,
Son bon escu avoit a son chief mis;

cf. A. 935.

A. 1445. Il ceinst l'espee au senestre costel,
A son col pent un fort escu liste
En son poing prinst un roit espie quarre;

cf. A. 1452 ff. 1646 ff. 1655 ff. 1919 ff. J. 1039 ff.
1063 ff. 1745 ff. 1775 ff. 1799 ff. 1862 ff. 3960 ff.

†J. 3967. Li uns prent hache et li autres espee,
     Li tiers sa mace et li quars sa plommee.
†J. 3985. Chascuns i fiert ou de hache ou d'espee.
†J. 4005. Haubers ne elmes nel pot de mort garir.

c) Kleidung:

A. 2489. Mantel ou cote ou chape li donnez.
J. 1494. Chemise et braies en envoie l'anfant.
     Chauces de paile, sollers de cordoant,
     Grans piaus de martre jusqu'as pies trainnans.

d) Zahlbegriffe:

†J. 975. Devant irez ou li trois ou li quatre.
†J. 1484. Jusqu'a un an ou a douz ou a trois;
     cf. J. 1482.
†J. 2419. En la nef chieent huit, dis, et onze et doze.
†J. 3967. Li uns prent hache li et autres espee.
     Li tiers sa maceet, li quars sa plommee.

e) Die Teile folgen dem Ganzen appositionell nach:

*A. 1368. Or i vont tuit, serjant et et escuier.

f) Eine Zergliederung bei Verben findet sich:

*A. 2846. Or seit il bien, oit et voit et entant.

§. 19.
Der Pleonasmus.

Pleonasmus entsteht dadurch, dass man zu einem Begriffe ein Wort überflüssig hinzusetzt. Eine solche Häufung, sagt Wackernagel, l. c. S. 344, stört die Deutlichkeit, indem sie ermüdet und äfft den Verstand, der mit jedem neuen Worte auch einen neuen Begriff erwartet und dafür mit dem neuen Worte auf den alten Fleck zurückgeschoben wird.

In unseren Gedichten finden sich Pleonasmen sehr häufig und zwar:

a) wird bei einer Thätigkeit das ausübende Organ pleonstisch hinzugefügt:

A. 405. S'escria a sa vois; cf. A. 706. 1414. 1463. 1693. J. 1233. 1794. 1985. 2482. 4049.

J. 1935. A sa vois clere commensa a huchier.
†J. 375. Tenrement plore des biax iex de son chief;
     cf. J. 463. 942. 1520.

Aehnliche Pleonasmen finden sich:

†J. 1170. A bons coutiaus lor ont les nes copez.

*A. 292. En lor mains tiennent les espees nouvelles.

b) Ein Pleonasmus zeigt sich ferner in der Verbindung zweier Substantive, von denen das eine den Inhaltskreis des andern umschliesst:

*A. 755. El viaire et el nes. — †J. 844. Dou viaire et dou chief. — *A. 2174. Trestouz li cors et li membre. — *A. 2755. Visaige et la bouche et les nes. — †J. 1183. Parmi mer et par l'aigue. — †J. 24. Des sains fons et de l'aigue.

c) Sonstige Pleonasmen.

A. 1565. Contreval en descent. — †J. 1231. se coucha en gisant. — †J. 1693: hui cest jor. — †J. 2535. coiement a cele; cf. J. 3387. 3848.

§ 20.

Tautologische und synonymische Wortverbindungen.

Die Tautologie besteht nach Wackernagel, l. c. S. 415, darin, dass derselbe Begriff zwei oder dreimal hinter einander mit wechselnden Worten benannt wird, wenn nicht blos ähnliche, nach ihrem Inhalte verwandte Begriffe gehäuft, sondern verschiedene Ausdrucksweisen des gleichen Begriffes mit einander gepaart werden.

Die Tautologie ist in unseren beiden Gedichten ungemein oft zur Anwendung gebracht. Ich betrachte zunächst:

a) Die Tautologie der Substantiva[1]

*Amors et amistiez. A. 428. 2326. — *autex et crucifiz; A. 1631. — †avoir et richetez; J. 3930. — †et barges et chalans; J. 2090. 2433. — †bataille et estor; J. 2925. — †baudor et joie; J. 2138. 4104. — †bouquerans et cendez; J. 2227. 2286. 2338. — *brachet et leverier; A. 2343. — †bruit et noise; J. 3976. — †en buies et en chartre; J. 1189.

---

[1] Um eine geordnete Uebersicht zu erzielen, ist die alphabetische Reihenfolge beobachtet worden.

Les celises et fruit meurer; A. 573. — par champ et par couture; A. 1751. — † ne clarte ne luor; J. 319. — clers et prevoirs; J. 1259. A. 8. 3387. — costez et flans; A. 567. J. 2201. 2295. — † cor ne buisine; J. 2751. — † li cris et la huiee; J. 3386. 3965. — † les cris et les plors; J. 529. — cuer, hardement et confort; J. 2721. — † mon cuer et mon panser; J. 632.

† Deniers ne raenson; J. 419. — † destriers et palefrois; J. 292. — † diable et maufe; J. 4132. — † teuls dolors et teuls guerre; J. 26. — * dromons et barges; A. 2046. * mes drus et mes privez; A. 700. — * a duel et a torment; A. 3438. — † duel et dammaige et tristor; J. 141. — † son duel et son dammaige; J. 3190. — † de duel et de disetes; J. 510.

Escuier ne garson; A. 67. J. 421. — † l'estors et la bataille; J. 1075. — † desor espines et desor ayglentiers; J. 249.

* Sa fame et sa drue; A. 1756. — * fel et traitres; A. 722. — * fel et cruels et traitres; A. 617. — † fel et traitres et lerre; J. 925. — † fel et cuivers et gaingnars; J. 874. — † de felonnie et de male art; J. 878. — † au fer et a l'acier; J. 96. — * mon feu et ma maison; A. 638. — * ne foi ne sairement; A. 2142. — † des sains fons et de l'aigue J. 24. — † par force et par vigor; J. 3874. — * a force et a bandon; A. 218. 641. — † de fuis et de bastons; J. 423. — fuis et leviers; A. 2668.

Garce ne chamberiere; A. 665. — † gerredon et honor; J. 538. — † por guerredon et par riche service; J. 588. — * mener guerre n'estrif; A. 2098.

† Mi home et mi jure; J. 3823. — * tel hontage et tel blasme; A. 564. 1002. — † honte ne encombrier; J. 3455. 3753. — † huis ne porte; J. 4238. — * vos honors et vos fiez; A. 2310. — † et de male hore et de fort destinee; J. 2537.

† Plains d'ire et de tristor; J. 3853. — * a joie et a baudor; A. 2765. — † en joie et en sante; J. 766.

La laittre et li bries; J. 2343. — † lettres et les bries
saielez; J. 2228. — *les loges, les pavillons, les tres;
A. 1904. — †as loges et as tres; J. 3911. — la luor
et la clarte et la grant resplendor; A. 2774.

*Et maisons et sollier; A. 3389. — mal et pechie;
A. 506. 797. — *a mal ne a vilte; A. 2893. — † tel
mautalent et tel iror; J. 3877. — † merci et guerredon;
J. 2318. — *mercis et grez; A. 841. — *messe et ma-
tinnes; A. 234. 2323. — † a moillier et a per; J. 2600;
cf. J. 3783. — moinne, clerc et chapelain; J. 145. —
*del monde et dou siecle; A. 2296. — *murlet ne som-
mier; A. 2020.

† Ne navie ne barge; J. 1124. — la noise et les
cris; A. 540. — sans noise et sans criee; J. 2821. —
la noise, li cris et la huiee; J. 3965.

*Or et argent; A. 27. 1978. 2450. 2599. — † or
et deniers monnaez; J. 2226. 2285. 2337. — † orgoil et
boffoi; J. 1470. 1480.

† Li pains et li bles; J. 3898. — el palaigre et es
ondes; J. 2417. — † palefroi et roncin; J. 1704. —
palefrois et destriers; J. 2020. — *parens et couzins;
A. 1728. — † a la parole et as dis; J. 3024. — † son
pavillon et sa tante; J. 3724. — † pavillons et aucubes;
J. 3739. — pelerin et paumier; J. 2397. — ne per ne
compaingnon; J. 1273. — † perche ne fust; J. 2152. —
*a poins et a paumes; A. 2236. — *de pors et de
sainglers; A. 1141. — † les pors et les rivaiges;
J. 2694. — † cil prestre et cil cloistrier; J. 672. —
mauvais plait et meschief; J. 373. — †li prince et li
contor; J. 3860. 4111. 4118. — † proesce ne bonte;
J. 3826. — *li pui et les montaingnes; A. 2466.

† Quarriaus et dars empanez; J. 2753.

† Raenson ne avoir; J. 291. — † ne raenson ne
gaige; J. 2698. — *dou regne et dou pais; A. 2403.
*et sante et aie; A. 2887.

†en sante et en vie; J. 2670.—†secors et aie; J. 2831.

— †seignor n'avoe; J. 4145. — *serainne ne fee; A. 473. J. 2471. — *serjant et escuier; A. 1368. 1923. 3386. — *serjans, vasles et chevaliers menbrez; A. 2955. — *serjant et bacheler; A. 3260. — †serjant et charterier; J. 247. — *le service et la messe; A. 2799. — *les sommiers et les murles; A. 1977.

*Les terres et les contrees; A. 484. — *les terres et les grans manandies; A. 291. — *les terres et les amples regnes; A. 316. — *les terres et les citez; A. 1630. — la terre, les honors et les drois; J. 298. — †sa terre et son pais; J. 2904. 3650. — *vos terres et vos fies; A. 2205. — †terre ne honor; J. 2118. — *mon torment et mon martyre et mon duel; A. 3163—64. — *traitres et lerre; A. 357. 366. — *les tres et les aucubes; A. 1976. — tyres et pailes; A. 28. J. 2227. 2286. 2338. — †touz mes tresors et toute ma richesse; J. 3828—29.

*De si fier vasselaige, ‖ de tel proesse et de tel baronnaige; A. 651—52. — *la venoison, la char et le sainglier; A. 1072. — †bon vent et bon oraige; J. 1121. — †bon vent et bon hore; J. 3083.

Yngal et d'un sanblant; A. 3125.

b) Tautologie der Adjectiva und Participien.

†Abatue et versee; J. 3952. — †acomplis et passez; J. 1437. — †adesez ne touchiez; J. 555. 1636. 1837. 2220. — †aprestee et garnie; J. 3588. — †acole et baisie; J. 556. 2870.

*Baptizie et leve; A. 23. 1043. — †batu et laidengie; J. 863. — †baut et joiant et lie; J. 734. 1359. — *bel et gent; A. 1614. — bel et prive; A. 1241. — †bel et cortoisement; J. 2083. — *biaus et floris; A. 916. — †biaus et clers; J. 678. — †bleciez et malmis; J. 1715. — †bleciez et malement navrez; J. 1146.

*Chargie et trorse; A. 2283. — *cler et seri; A. 538. — †close et ensarree; J. 3732. — †conseuz n' enchauciez; J. 2101. — †corrans et abrievez; J. 1041.

3924. — *corresouz et dolans; A. 1257. 1367. — * iriez et corresouz, tristes et gramoiez; A. 2219. — *touz corresouz et dolans et malades; A. 2228. — *corrouciez et irez; A. 741. J. 127. 2129. — *corrouciez et plains d'ire; A. 1322. — †et si corte et si bries; J. 671. — *couchiez et mises; A. 1794.

*Mezel, delgiet et adre; A. 2238. — †depecie, desrompt et desarti; J. 1332. — †desmaille et rompu; J. 1915. — dit et commande; J. 764. — †dit et coneu; J. 3313. — †dit et devise; J. 3423. 4119. — †dit et nuncie: J. 3659. — †dite et bastie; J. 2184. — *dolans et corrouciez; J. 549. 551. — †dolans et abosmez; J. 2954. — †dolans, corrouciez et irez; J. 3881. — *douce et moult bonne et soez; A. 2301. — *doutee et cremue; A. 1528. — *dur et trop amer; A. 2919.

†Enquis et demande; J. 3422. — *esploitie et esre; A. 2477. J. 3199. 3610. — *espousee et prinse; A. 1796. — †essaiez et esprouvez; J. 388—89. — †esre et chevauchie; J. 3661. — *esteint et define; A. 181. — *estroee et percie; A. 1348. 1363. — †estroit et serre; J. 192.

†Faite et bastie; J. 3845. — *fel et losengiers; A. 258. — †fel et desmesurez; J. 1943. — †felons et mescreans; J. 1614. — †fervesti et arme; J. 2730. 2732. 2739. — fiancie et plevi; A. 2407. — *fin et sain; A. 2505. — †fol et non saichant; J. 1507. — † fors et delivres; J. 165. — †fraint et troe; J. 203. 1052. — †fraint et fendu; J. 1914.

† Gabe et delitie; A. 499. 2005. — *garis et sains; A. 3081. *garis et haitiez; A. 3087. — †garni et assase; J. 3082. — †garnis et aprestez; J. 3919. — *gaste et pesoie; A. 938. — *gentiz et fiers; A. 257. 1365. 1918. — li gentiz et li ber; A. 851. 1138. 1685 etc. J. 170. 2292 etc. — †gentiz et avenans; J. 3186. — †gries et dolans; J. 2193. — guenchie et reculee; J. 3989.

†Haitie et sain; J. 3036. — †hardis et fiers;

J. 1888. — *hardis ne osez; A. 3248. — †haut et cler;
J. 2457. 4049. — *honorez et servis; A. 1632.

*Iriez et corresouz; A. 2218—19 — Joians et lies;
A. 384. 806. 1258. 1323. 2660. J. 103. 734. 205 7.4095. —
*joinchie et comblee; A. 2594. — *jure et plevi; A. 912.
1408. 1437.

† Ladres et meziaus; A. 1817. — †laidengiez et
boutez; J. 3286. — †lasse et tressue; J. 1402. — †liiez
et ferrez; J. 2223. 2334. — *loez et graciiez; A. 3090.

*Malades et delgiez; A. 2120. — †manant et assase;
J. 3809. — †manant et riche; J. 161. — †mis et
trainnez; J. 3285. — †mors et afinez; J. 220. — †mors
et confondus; J. 268. — †mort et destraint; J. 147. —
*mors et ocis; A. 390. 3155. — mortex et pezans; J. 1613.
— †morte ou perie; J. 3063.

†Ne navrez ne feruz; J. 2158. — †noie et afinee;
J. 3377. — enoiez et effondrez; J. 2953. — *noire et
teniecle; A. 668. — †norrie et alevee; J. 2246. — †nor-
ris et amaisniez; J. 84.

†Ocis et afole; J. 3820. 3958. — †ocis et tue;
J. 749. — †orde et puans; J. 334. — *orgoilloz et
fiers; A. 395. — †ouverte et deffermee; J. 3946.

†Parcreu et grant; J. 1956. — †parle et premis;
J. 3644. — †partis et sevrez; J. 2947. 2659—60 3201. —
*passez et acomplis; A. 547. — *pezans et fiers; A. 386.
— †plevi et fiancie; J. 554. 560. 1580. 1584. 3330. —
†porquis et porparle; J. 236. — preu et hardi; A. 444.
J. 230. — *preus et senez; A. 809. 1013. 2473. —
preuz et cortois; A. 991. 2422. J. 1464. — preu et vaillant; A. 2503. J. 1758. — *preu et gentil; A. 2572.
2602. — *preudom et gentiz; A. 3068. — preus et
enseigniez; J. 1792. — †preus et legiers; J. 1828. 1867.
2025. — †li preus, li cortois et li saiges; J. 1109. —
prouz et saige; A. 1028. J. 500. — prou et nobile;
A. 2411. J. 13. — *prins et loiez; A. 240. 440. —
*prins et mate; A. 698. — *prinse et empoignee; A. 1553.

*Recreant et mate; A. 739. 762. — †rengiez et aunez; J. 3928. — †rengiez et serrez; J. 3291. — *riches et honorables; A. 1866.

*Sain et sauf; A. 1430. — *sains et saus et haitiez; A. 2076. 2352. 3402. — sains et saus et entiers; A. 2086. 2633. — †sain et sauf et en vie; J. 2853. — sauvaige et grief; A. 2092. J. 837. — †sauvaiges et fiers; J. 809. — servi et honore; A. 3320. J. 2951. — †sievis ne enchauciez; J. 1637. 1838. — *souduit ne enchante; A. 563. 1001.

†Taisant et mu; J. 1196. — †tolu et desvoie; J. 1816. — †tolu et emble; J. 237. — *traveillez et penez; A. 89. 328. — †triste et dolant; J. 2797.

Vestus et chauciez; A. 233. 725. 2321. 2329. 2423. J. 541. — †vestus et parez; J. 679. — †vieille et antie; J. 3. — †vil et ort; J. 2713.

c) Tautologie der Adverbien.

†Belement et suef; J. 2322. 2336. — †Doucement et soef; J. 2225. 2309. — †Entor et environ; J. 3674. 3684. — *Hautement et cler; A. 3239. — Volontiers et de gre; A. 312. 813. J. 2308. — De grez et volontiers; A. 434. 505. 1372. J. 2029. 2127. — *Souavet et le pas; A. 2112. — †Et souvent et menu; J. 2385. — Tost et isnellement; A. 3449. J. 1225. 1656. 2442. 2448.

d) Tautologie der Verba.

†Afoler et destruire; J. 153. 4084. — *d'afoler et d'ocirre; A. 1338. 2921. — *s'agenoille et vers deu s'umelie; A. 2867. — †s'agenoille, a ses pies s'umelie; J. 3276. — †aim et desir; J. 2350. — †aimme et honore et tient chiers; J. 2931. — †aimme et tient chier; J. 3782. — aourer et proier; J. 1873. 1891. — ardoir et graillier; J. 3793. — †armer et haubergier; J. 3747.

*Baisier et acoler; A. 586. 885. 1095. 1928. 1938. 2040. 2742. 2754. 3089. 3234. 3390. 3417. — *baisier et conjoir; A. 185. 1127. 1942. 1949. 1956. — *brait et crie; A. 1536. — †se bruist et confont; J. 399.

*Celer et couvrir; A. 2128. — *ne cesse ne ne fine;
A. 292. 2519. — *chargier et trorser; A. 3286. 3295. —
†conduist et guie; J. 2674. 3591. — †conraer et garnir;
J. 775. — *corre et randonner; A. 3416. — *ne cou-
chai ne dormi; A. 1427.

 *Demander et querir; A. 191. — †desrivent et
naigent; J. 1120. — †desrompt et desserre; J. 204. —
†desrompt et dessaffre; J. 1053. — †desrompt et dequasse; J. 1071. — †desrompt et desmaille; J. 1072.
1902. 1999. — †desraisnier et parler; J. 2229. — *detranchier et ocirre; A. 303. 307. — †detranchier et
morir; J. 1708. 2717. — *dire por voir et affichier;
A. 377. — di et creant; A. 2844. J. 1262. — dire et
conter; A. 556. 817. 1134. J. 2898. 3211. 3421. 3804. —
*dire ne jehir; A. 549. — †dire et preschier; J. 3795.

 †Embarrer et quasser; J. 4059. — endurer ne
soufferre; J. 1527. — †enraigent et desvent; J. 527. —
*enquerre et encerchier; A. 3304. — †espiier et garder;
J. 2873.

 Fandre et croissir; J. 4018. — †fendre et percier;
J. 1901. — *fervestir et armer; A. 1443. — *ne finent ne
n'arrestent; A. 204. — *ne fuir ne aler; A. 2203.

 *Garir et respasser; A. 2808. — garnir et conraer;
A. 2030. 2035. J. 2583. — †graeillier ne ardoir; J. 297.
— †grever ne anuier; J. 2624.

 * Hurte et broche; A. 145.

 †Jurer et plevir; J. 1728.

 †Laissai et guerpi; J. 3327. — †laissier et ester;
J. 2889. — †lever et baptizier; J. 31. 180. 1874. 2262.
— †lever et contremont drescier; J. 3776. — †loent
deu et servent; J. 22. — †loer et graciier; J. 2625. —
†loier et serrer; J. 4064.

 *Maintient et manoie; A. 1106.

 *Naigent et syglent; A. 2047.

 †Ocirre et estraingler; J. 187. — *otroier et graer;
A. 2860.

*Panre et lier; A. 2315. — †s'en parti et sevra;
J. 2659—60. — †partir et esloingnier; J. 892. — pendre
et au vent encroer; A. 763. — *perdent et fuient;
A. 1992. — †plore, sozpire et larme; J. 1520. — †plore
et larme; J. 1528. — †plore et desplaint soi; J. 1544. —
†proi, commant et chastoi; J. 295. — †proier et commander; J. 367.

*Querre et trouver; A. 819. — *quier et huche;
A. 1748. — quier et demant; J. 2440. 2453. — *quier
et desir; J. 2461.

†Retranche et tolt; J. 810.

†Secorre et aidier; J. 252. 1371. — †semont et
prie; J. 3831. — *servir et essaucier; A. 2090. — *souffrir ne endurer; A. 2024.

†Tancier ne choser; J. 2120. — † tenter et essaier;
J. 2623. — *trair et encuser; A. 1616. — †traveiller et
pener; J. 182. 2115. — †trebuchier et verser; J. 210.
1058. — *trebuche et abat; A. 2114. — †trourble et
flote; J. 2146.

†Ne se vante ne se prise; J. 1536. — *vendre,
engaigier et livrer; A. 2840. — *venir et retorner;
A. 1900. 2289. — venir et aler; A. 39. 88. 92. 110.
1048. 1959. 2388. 2404. J. 659. 705. 757. 2123. —
*veoir et esgarder; A. 554. 1451. 2064. 2803. 3227. —
†veoir et encontrer; J. 4046. — *vendre et engaigier;
A. 2648. — *verser et trebuchier; A. 379. — se vestit
et para; A. 3424. — A. 3424. — *violent et taburnent;
A. 2000. — †gel voil et si l'otroi; J. 1487.

§ 21.
Der Parallelismus.

Bei der Tautologie werden gleiche Begriffe zusammen-
gestellt; sind es aber ganze Sätze, die in verschiedener
Form doppelt gesetzt werden, so entsteht der Parallelismus.

Wir unterscheiden in A. u. J. folgende Arten von
Parallelismus:

a) **Beide Glieder sind positiv:**

*A. 255. Alez ariere, tornez vos d'entor noz.

*A. 579. Vespres aproche, li solaus dut cliner.

*A. 671. Et elle s'est lez le conte couchie,
Moult souavet s'est delez lui glacie.

*A. 863. Grant paor ai de mon chier compaingnon
Que je laissai a Paris el donjon,
S'en sui moult a mesaise.

*A. 1168. Grant paor a, moult en fu effraee.

†J. 25. Jordains ot non et tuit ainsiz l'appellent

†J. 142. Touz li dammaiges en venra desor noz,
Sor noz torne la perde

†J. 2340.   ice est veritez,
Ice puet moult bien iestre.

†J. 2485. De la nef issent, maintenant l'ont gerpie.

†J. 2863. Oriabax menoit un duel moult mal,
Car por Jordain menoit dolor coral;

cf. A. 2466. 2861—62. J. 2064.

b) **Beide Glieder sind negativ:**

*A. 1314. Ou ja traitres n'aura harbergement
Ne faus traitres n'i aura chasement,
Ne faus jugierres nesun habitement.

*A. 1274. Ja ainz n'iert vespres ne li solaus couchans.

*A. 2685. Ne il nel sorent ne il ne lor fut dit.

*A. 3119. Ne sevent pas ne ne sont bien certain.

c) **Gewöhnlich ist eins der beiden Glieder positiv, das
andere negativ; die einzelnen Begriffe stehen hier
bisweilen in mehr oder weniger scharfem Gegensatze:**

*A. 787. De la bataille ne me voil plus targier,
Ainz la ferai orendroit volontiers.

*A. 817. Une parole voz voil dire et conter
Si m'ait dex, je nel voil pas celer

*A. 1459. Li bons chevax ne pot outre passer,
Ainz trebucha . . . .

*A. 1365. Li cuens Amis fu moult gentiz et fiers.
Il ne vint mie com hom trop esmaiez.

†J. 179. Molt par est jones, si n'a gaires d'ae.

†J. 1084. Grant cop li donne, ne cuit pas qu'il l'espargne.

†J. 2860. Mais Jordains l'anfes n'i fist lonc arrestal,
Ainz s'en repairent vers le rivaige aval;

cf. A. 422. 1019. 1396. 2231. 2800 2808—10. 2812. 3153.
J. 915—16. 1952. 2016. 4244—45.

d. Eigentümlich ist der Parallelismus, dessen erstes Glied
durch die Figur der Litotes gebildet wird, während
das zweite Glied, welches den antithetischen positiven
Ausdruck enthält, durch die adversative Conjunction
ainz (ainsoiz) eingeleitet wird oder ohne Conjunction steht:

*A. 5 Ce n'est pas fable que dire voz volons,
Ainsoiz est voirs autressi com sermon.

†J. 1933. Mais li paien n'ot pas le cuer lasnier,
Moult fu fors hom.

†J. 2651. Li arcevesques mie ne l'oublia,
De son avoir moult grant part li charja
Et soudoiers jusqu'a vint li bailla.

§ 22.
Die Wiederholungsformen.

Die Wiederholungsformen sind die Wiederkehr desselben Wortes oder derselben Wendung an hervorragenden
Stellen des Verses.

a. Die Anaphora.

„Anaphora nennt man die Wiederkehr desselben Wortes,
derselben Wendung am Anfange mehrerer auf einander-
folgender Sätze oder Satzglieder"; cf. Wackernagel l. c. S. 425.

Durch die Anaphora will der Dichter bewirken, dass
der Zuhörer oder Leser länger bei dem ausgesprochenen,
mit Nachdruck hervorgehobenen Inhalte verweilt.

Die Anaphora findet sich in unseren Gedichten ziemlich
häufig; doch mag sie bisweilen ohne Bewusstsein entstanden
sein, da oft nicht der Hauptbegriff des Satzes die Anaphora bildet, sondern Nebenbegriffe, z. B. Artikel, Pronomina
und Partikeln.

Es finden sich folgende Anaphern in unseren Gedichten:

A. 183.   O r parleront ensamble
        Or sont li conte en mi le pre assis.

A. 194   O r le weult dex que ci soienz assis.
        Or en irons a la cort a Paris.

A. 337. L a i e n s en entrent que n'i ont demore.
        L a i e n z se tinrent li traitor prouve.

A. 347. E n n o n d e u s i r e, el brueil en est entrez
        E n sa compaingne mil chevaliers armez.
        E n n o n d e u s i r e, or a il fait que ber.

A. 404. Il e s c r i a la gent en mi la pree,
        Si s ' e s c r i a a sa vois qu'il ot clere.

A. 446. Et il v o z het . . . .
        Il v o z het moult . . . .

A. 832. Q u e il au jor et au champ affiner,
        Q u e il a mis, noz venra acuiter.

A. 962. S e s bonnes armes et son pezant escu,
        S o n brant d'acier nouvele et esmolu.
        S e s chiers compains est celle part venue.

A. 985. S i enchai, je n'en sai autre roi
        S i m'escouta Hardrez li maleois.

A. 1042 E t en un jor et en u n e nuit ne
        E t e n z u n fons baptizie et leve.

A. 1052. S e l'uns de noz a en un lieu este,
        S e l'autre i vient, que ja soit avisez . . . .

A. 1081. C a r a mengier aurez a granz plentez ;
        C a r je le voil par la foi que doi de.

A. 1340. S i com elle ot sa proiere fenie,
        S i resgarda endroit hore de prime,
        S i vit venir Ami par la chaucie.

A. 1483. H a r d r e z relieve et Amis saut en pies.
        Hardrez a trait l'espee dont brun sont li coutel ;

Ausserdem noch in A. 1554—55. 1707—08. 2099—2100.
2239—40. 2403—04. 2482—83. 2498—99. 2633—34. 2828—29.
3356—57. 3382—84.

J. 383. P a r ma foi, damme, qu'il m'a bien enfforcie,
        P a r vive force fors dou col enzraigie.

J. 408. Ne s u i je fille au fort roi d'Arragon
        Et si s u i niece au Baivier Huidelon.

J. 551. Q u e le r e n d r o n s dolant et corroucie ;
        Mais d'unne chose sommez bien affichie,
        Q u e nel r a n d r o n z por les membres tranchier.

A. 648. La chars ton pere por la toie iert delivre . . .
La moie, lasse! an est moult corroucie.
La mort auraz, si ne l'as deservie.

J. 719. Il en morra, encor tex jors en iert.
Il en apelle Eremborc et Renier.

J. 878. De felonnie iestez et de male art,
De celle chiere me ressamblez Girart.

J. 1135.   Or commence grans guerre.
Or fu Jordains en haute eve de mer.

J. 1626. Maint pavillon i ont le jor drescie,
Maint tres i fu a maint pel anfichies.

J. 2201. Si la saisirent par costex et par flans,
Si la drescierent contremont en pandant.

J. 2261. La treuvent gent de crestiien regne,
La font l'anfant baptizier et lever.

J. 2461. Oriabel cui je quier et desir.
Oriabax l'escouta.

J. 2062. Grant joie en font trestuit cil de la terre
Grans sont les noces et moult haute la feste.

J. 681. Seignor, dist il, entendez mon panser
Li fiz Girart dust or iestre tuez

– – – – – – – – – – –

Seignor, dist il, or oiez mon avis.
Li fiz Girart deust or iestre ocis.

Ausserdem noch in J. 2593—94. 2889—90. 3545—47.
3815—16. 3970—71. 3485—86. 3671—72.

Ausser den genannten finden sich noch sehr viele Anaphern,
die mit et anheben, z. B.: A. 23—24. 46—47. 162—63.
350—51. 602—03. 670—71 u. s. w. J. 222—23. 409—11.
472—73. 525—26. 635—36. 777—78. 929—30 u. s. w.

b. Die Epiphora.

Die Epiphora ist die Wiederholung desselben Wortes,
derselben Wendung am Schlusse des Verses; sie ist also
das Gegenteil der Anaphora; cf. Wackernagel, l. c. S. 425.

Sie findet sich in A. und J. sehr oft angewendet,
namentlich in der Bindung zwischen Simplex und Compositum:

A. 177. Et cil le vit qui l'ot ja avise.
Vers lui se torne quant il l'ot ravise.

A. 1608. Un sien filluel a devant lui mande,
Et cil i vint, quant il l'ot commande.

A. 2229. Nus hom qui soit por voir ne li re g a r d e.
Girars ses fiz s'en donne souvent g a r d e.

A. 3065. Jambes et ventre et le cors c o n t r e m o n t,
Pies, cuisses, mains, les espaules a m o n t.

J. 221. Arsoir l'ocis a m'espee dou l e z
Et Hermenjart sa moillier par d e l e z.

J. 4012. . . . que porrai d e v e n i r,
Quant je ceuls perz, que j'ai a maintenir,
Tant mar les fiz de ma terre v e n i r.

Schwächer ist die Epiphora, wenn nur dasselbe Reim-
wort wiederholt wird.

A. 147. . . . encontra un garson
Qui gardoit bestes el chemin la a m o n t,
Pors et brebis et aval et a m o n t

A. 248. S'il ne se welent entor noz h a r b e r g i e r,
Ensus de noz les faitez h a r b e r g i e r.

A. 447. . . . . . . ce saichiez d e fi.
En poi de terme serez si annemi
. . . nos le savonz d e f i

A. 1166.   Dex, com est e f f r a e e!
Quant Lubias senti nue l'espee,
Grant paor a, moult en fu e f f r a e e.

A. 2633. S'estiiez ores sains et saus et e n t i e r s,
N'i passeriez d'un mois trestout e n t i e r.

J. 103. Li fel l'entendent, joiant en sont et l i e,
Ainz en lor vie ne furent mais si l i e.

J. 308. Droit au palais la damme (en) est v e n u e,
Fromons l'arnaisne ainz que soit descendue.
Damme, fait il, bien soiez voz v e n u e,

J. 437. Li oil lor saillent et li cervel en v o n t.
III en sont mort et li autre s'en v o n t.

J. 549. Je le randrai dolans et c o r r o u c i e z.
Tant noz avez tenus et justiciez
Que le randrons dolant et c o r r o u c i e.

J. 1183. Reniers garda parmi mer et par l'a i g u e,
Si a veu douz estoires en l'a i g u e.

J. 1218. L'anfes Jordains en a paor moult grant
Garde par mer, voit venir un fust g r a n t.

J. 2144. La gentiz damme qui d'anfant estoit g r o s s e,
La se delivre d'unne fille moult g r o s s e.

J. 2259. Lor chalans est a droit port arrivez,
A Orimonde sont un soir arrive.

Ausserdem cf. J. 3241—42. 3896—97. 3918—19.
4001—03. 4008—10. 4051--53. 4226—28.

c. Die Anadiplosis.

Die Anadiplosis nimmt das den vorhergehenden Vers
schliessende Wort am Anfange des folgenden Verses wieder
auf. Sie ist verhältnismässig selten in A. und J. Es finden
sich folgende Fälle:

A. 61. Mont Chevrol puie tant que il vint en som,
Tant que il vint a Borc . . . .

A. 327. A Saint Lambert alai por voz orer,
Por voz me sui traveilliez et penez.

A. 545. Que avez voz, sire compains gentiz?
Sire compains, jel voz aurai ja dit.

A. 3038. Le bacin tint plain de sanc et desus
Dou sanc ses fiuls . . . .

J. 142. Touz li dammaiges en venra desor noz,
Sor noz torne la perde . . . .

J. 653. Biaus fiz Garnier, mar voz vi onques ne,
Mar voz portai IX mois en mon costel.

J. 1347. Et dou poisson anquenuit a mengier,
Aprez mengier penserons dou couchier.

J. 2269. En la cite ot un evesque riche,
Riches hom fu et de grant baronnie.

Zwei Fälle finden sich, wo das wiederholte Wort einen
flexivischen Wandel erlitten hat:

A. 3186. Por ses anfans a grant dolor menee;
Ce duel menant la chambre a deffermee.

J. 1851. Jordains remest por l'angarde cerchier,
Il la cercha deus fois de chief en chief.

d. Die Epizeuxis.

Unter Epizeuxis versteht man jede Wiederholung ohne
bestimmte Localisierung; cf. Wackernagel, l. c. S. 427.

Die Wiederholung eines Wortes in unmittelbarer Folge
findet sich nur einmal und zwar in einer Aufmunterung:

J. 4080. Ferez, ferez! commensa a crier.

Häufiger sind die in adverbialen Fügungen nur durch
Präpositionen getrennten gleichen Wörter:

A. 2897. Anuit de nuit. — A. 2965. Bras a bras.
— J. 728. De chief en chief; cf. J. 1852. — J. 2533.
Jor a jornee; cf. J. 3146. 3351. 4223. — A. 2964. Lez
a lez; cf. J. 2964. — A. 3114. Main a main; cf. A. 3129.
— A. 1420. Nu a nu; cf. A. 1428. 1162. — A. 2983.
Pas por pas. — J. 907. Tout a tout.

Häufig bildet ein Pronomen oder Adjectiv die Epizeuxis:

A. 197. Vostre hom serai et li vostres conquis.
A. 652. De tel proesce ne de tel baronnaige.
A. 784. Faites venir mon aufferant destrier
 Toutes mes armes et mon tranchant espie
 Et mon escu et mon elme d'acier.
A. 933. En terre fiche son bon tranchant espie,
 A son chief a son fort escu couchie.
A. 1346. Moult voz iert ores celle chiere abaissie;
 Ancui aurez celle teste tranchie
 Et celle pance estroee et percie.
J. 2756. Si lor retraient maint quarrel empenne,
 Lancent maint dart et maint espie quarre.
J. 2940. Or et argent et maint garnement chier
 Et maintes armes et maint corrant destrier.
J. 3695. Qui moult demainnent grant bruit et grant tanson.
J. 3701. Tante bele arme et tante enseingne i voi;
cf. J. 3789—90. 3978—79. 3400—3401.

Eine Präposition bildet die Epizeuxis:

J. 249. Desor espines et desor ayglentiers.
J. 587. Mais or voz proi por deu le fil Marie
 Por guerredon et par riche service.
J. 2565. Querrez par terre et par mer autressi.
J. 2623. Por voz tenter et por voz essaier.
J. 2884. Par mer, par terre grans painnes endurer.
J. 3280. Vers ma fille est et vers moi parjurez.
J. 3874. Par force et par vigor·

Ein Verbum bildet die Epizeuxis:

A. 454. . . . . mar le pansastez onques.
 . . . . por quoi pansaz tel honte?
A. 774. Voldrez jehir ou voz voldrez combatre?
A. 838. Quant la roine li corut pardonner,
 Par le bras destre l'en corrut relever.
J. 518. Nel tint ses peres ne nel tint ses ancestres.

J. 2157. Que mers ne sueffre arme qui n a v r e fust
Qui en cors soit ne n a v r e z ne ferus.

J. 3844. . . . . moult grant felonnie
Envers Jordain a v e z faite et bastie;
Car a son pere a v e z tolu la vie
Et si a v e z si sa terre saisie;

cf. noch J. 3090—92. 4124—29.

Andere Worte bilden die Epizeuxis:

J. 51. Mais de la pais et dou bien porchascier
Et de b i e n faire et de b i e n conseillier . . . .

J. 2069. D i s bons destriers li donna par les resnes
Et d i s mantiaus et d i s pelices vaires.

J. 3741. Mais n'osa pas a r r i e r e repairier,
Ainz li convient a r r i e r e renuncier
Le sien messaige qu'il tournera a r r i e r.

J. 3868. Qui f e l o n sert moult fait f e l o n labor.

A. 914. Il l'a gardee c o m chevaliers de pris
Et je c o m fel et c o m deu annemis.

A. 2566. Li serf le voient, c h a s c u n s fu irascuz,
Celle part corrent, c h a s c u n s a prins un fust.

e. Der Chiasmus.

Unter C h i a s m u s versteht man die Wiederholung derselben Worte, bezw. derselben Wendungen in u m g e - k e h r t e r Stellung. — Sie ist verhältnismässig selten:

A. 3114. J u s dou palais descendent main a main;
Li dui baron qui ont les cuers certains,
S o n t descendu dou palais jus au plain.

J. 957. I s s u z est de la chambre.
De la chambre ist Jordains sans atargier.

J. 2378. El r a n c l u s est entree.
Oriabax est entree el ranclus.

J. 3491. J ' a i ma fille trovee!

— — — — — — — — —

3494. Trouvee avons nostre fille vaillant.

J. 3513. Li empereres . . . .
Mander a fait en son palais plus grant
Jordain de Blaivies . . , .

3518. Li empereres a fait Jordain m a n d e r.

J. 4031. Celui montent a force . . . .
Li traitor l'ont a force monte.

J. 4171. Si ont Alys a joie coronne . . . .

— — — — — — — — —

Coronnez fu l'empereres A l y s.

f. Die Annomination.

In der Annomination hat das wiederholte Wort den-
selben Stamm wie das erste. Die Beispiele hierfür sind
sehr zahlreich.

A. 164. Reprinst sa voie, si se prent a esrer.

A. 237. Dejouste lui Hardre le losengier.
Par sa losenge le prinst a acointier.

A. 272. Puis se rassieent sor le pavement chier.
Devant euls sist Hardrez li renoiez.

A. 598. Mon compaingnon le plevi je l'autrier
Qu'a compaingnie n'aura home soz ciel.

A. 2146. Tex ne s'en est encor garde donnee
Qui l'esgarda com il vait par l'estree .

A. 2503. Li serf li servent.

A. 3181. Tuit cil prevoire chantent a grant criee
Le chant des mors.

A. 3351. Nommez vos noms.

J. 135. Que il amoient de molt tres grant amor.

J. 383. Par ma foi, damme, qu'il m'a bien enfforcie
Par vive force.

J. 447. Qu'il les fera de male mort morir.

J. 490. Se li ferons acroire que c'est il.
Bien le croira li traitres faillis.

J. 583. Li fiz Girart por le mien iert delivres,
Gel liverrai a Fromont le traitre.

J. 872. Prinst un bandel, s'en fist bander son chief.

J. 1385 Jusqu'a celle hore que il vit avaler
Le roi Marcon tout aval les degrez.

J. 1510 Au lavoir vait Jordains, ses mains i lave.

J. 2267. Desoz Palerne est l'escrins arrivez,
Prez estoit de la rive.

J. 2657. Que ja nus d'euls por riens ne li faudra;
Veritez fu, que nus ne l'en fausa.

Ausserdem finden sich noch Annominationen: A. 177.
320. 3186—87. 3492—93. 3499—3500. J. 2533. 2796—98.
2862—64. 3089. 3532—33. 3561—62. 3687. 3817. 3897.
3904—05. 4070—71. 4165. 4188—89. 4242—43.

g. Das Polyptoton.

Ein Polyptoton entsteht dadurch, dass das wiederholt
gebrauchte Wort verschiedene Declinations- oder Conjugations-
formen zeigt; cf. Wackernagel, l. c. S. 428.

Diese Figur zeigt sich nicht gerade häufig in unseren Gedichten; folgende Beispiele seien namentlich erwähnt:

A. 490. Cuens Amis prinst la damme.
Li cuens Amis a prinse Lubias.

A. 1019. Ceste bataille ne puet remanoir mie,
Ainz sera faite par deu li fil Marie
Et la fera, sachiez, mes cors meismes.

A. 2871. Non ferai, sire, voz nel feriiez mie.

A. 3258. Qui mengier volt, de tout ce ot plente.
Quant mengie ont et beu a lor gre . . . .

A. 3299. La descendirent chies un borjois Gautier
— — — — — — — — —
Descendu sont li dui conte proisie.

A. 3403. . . . . touz pasmez chiet arrier
Ja fust cheuz, ne fuissent li estrier.

J. 6. Oi avez, com li baron transsirent;
— — — — — — — —
Huimais orrez avant de lor lingnie.

J. 349. Dex me confonde, s'ambes douz ne vos pans.
Sire, dist il, g'en panrai mon porpans.

J. 858. Li sans vermaus li est cheuz as pies.
L'anfes chancelle et la grans nes li chiet.

J. 1567. Oriabax l'a oi en alant
Qu'alait orer au monstier S. Amant.

J. 1851. Jordains remest por l'angarde cerchier,
Il la cercha deus fois de chief en chief;

cf. A. 3424. J. 1412. 1739.

h. Das Wortspiel

Bei den bis jetzt behandelten Wiederholungen fiel mit der Wiederholung des Wortes auch die der Bedeutung zusammen. Wechselt aber im wiederholten Worte die Bedeutung desselben, so entsteht das Wortspiel. Es is selten in A. und J.

a) im Reime:

J. 1194. N'i ot si viel ne jone ne chenu,
Qui ait le sanc dedens le cors meu.
Parmi la nef furent taisant et mu.

b) am Anfange des Verses:

J. 748. Li fel Fromons m'a durement ire
Le fil Girart m'a ocis et tue.

c) **Im Innern des Verses:**

> A. 1359. Hardre, traitres, li c o r s deu te maudie!
> Quant le c u e r as si plain de felonnie ;

ähnlich J. 2720.

> A. 2697. A celle p o r t e ai un malade oi.
> Va, se li p o r t e et dou pain et dou vin.
> J. 383. Par ma foi, damme, qu'il m'a bien enfforcie
> Par vive f o r c e fors dou col enzraigie.
> J. 3997. Le premerain cui je v e r r a i fuir,
> Je le f e r a i de male mort morir.

§ 23.
Die Hysterologie.

„In der Hysterologie wird von zwei Begriffen der logisch wichtigere vorausgesetzt, während dadurch die Zeit- folge oder Causalfolge derselben umgekehrt wird; sie stellt die anfangenden und bewirkenden Vorstellungen ans Ende und macht das spätere zum früheren"; cf. Wacker- nagel, l. c. S. 417.

In unseren Gedichten ist die Hysterologie selten; sie findet sich an folgenden Stellen:

1. Der Begriff des Weggehens geht dem des Abschied- nehmens voraus:
   > A. 311. Hardrez s'en v a, s'a congie demande.
   > J. 3656. Atant s'en p a r t, s'a p r i n s dou roi c o n g i e.

2. Der Begriff des Ankleidens geht dem des Aufstehens voraus:
   > A. 666. Un chier m a n t e l osterin sor li g i e t e,
   > Puis se l e v a.
   > A. 2034. Isnellement s'est v e s t u s et l e v e z.

3. Der Begriff des Sagens dem des Ersinnens:
   > J. 3217. Lors ont ensamble dit et c o n t r o u v e.

4. Der Begriff des Lesens dem des Ansehens:
   > J. 4192. Et quant il l'a [la lettre] l e u e et e s g a r d e e.

5. Die Wirkung der Ursache:
   > A. 579. Vespres aproche, li solaus dut cliner;

   cf. A. 1094.
   > A. 1274. Ja einz n'iert vespres ne li solaus couchans.
   > J. 3970. La n u i s fu clere et la l u n n e l e v e e.

§ 24.
Die Antithese.

Bei der Antithese werden Begriffe, welche dem Sinne nach einen Gegensatz bilden, auch im Satze gegenübergestellt, wodurch jeder der beiden Begriffe nachdrücklich zum Bewusstsein gebracht wird.

Der Dichter verwendet sie bei der Gegenüberstellung

a) von **Freude und Leid**.

> J. 145. Plorent cil moinne et clerc et chapelain
>
> ————————————————————
>
> 148. Grant joie mainnent li serf de pute main.
> J. 140. Ier main a tierce avionz jougleor,
> Or avons duel et dammaige et tristor.
> J. 2095. Por moi sont corroucie et dolant,
> S'il me veoient, s'en seroient joiant.
> J. 2511. Li plus dolans touz joians en devint.
> J. 3391. Ceste tristesce iert en joie tornee.

b) **Von Tag und Nacht**:

> J. 678.. Va s'an la nuis, li jors fu biaus et clers.
> J. 3934. Li jors s'en va, si revient la vespree.

c) **Von gut und böse**:

> A. 1635. . . . de bien faire ne fui volonteis;
> Mais de mal querre sui touz amanevis.

d) **Von Feind und Freund**:

> A. 1966. Ne voz ai pas erre com annemis.
> . . . . mais com charnex amis.

e) **Vom Edlen und Verräter**:

> A. 257. Nostre empereres fu moult gentis et fiers
> Et Hardrez fu et fel et losengiers.
> A. 914. Il l'a gardee com chevaliers de pris
> Et je com fel et com deu annemis.

f) **Von Gott und Teufel**:

> A. 1660. Ier fiz bataille el non dou criator,
> Hui la ferai el non a cel seignor
> Qui envers deu n'en ot onques amor.

g) **Von hinauf und hinab**:

> J. 856. Amont le dresce, aval l'a rabaissie.

h) **Von arm und reich:**

> J. 1036. Ne serai riches, por qu' aiez povretez.

i) **Von leise und laut:**

> J. 2456 Ne proia mie coiement ne seri,
> Mais haut et cler si que bien fu ois.

k) **Von spät und früh:**

> J. 3038. Moult voz ai quis et a ville et a plain
> Et couchie tart et souvent leve main.

l) **von Berg und Thal:**

> A. 2466. Haut sont li pu'i et les montaingnes roides,
> Li val sont grief qui forment les guenoient.

m) **von lieben und hassen:**

> A. 445. Hardre amez le cuivert de put lin
> Et il voz het . . . .

n) **Ausserdem finden sich noch folgende Antithesen:**

> A. 248. S'il ne se welent entor noz harbergier
> Ensus de voz les faitez harbergier.
>
> A. 1731. Contre un des siens en i a des miens mil.
>
> J. 936. La toie chars par la soie est sauvee;

cf. A. 1253. 2300. 2929.

o) Der Begriff „kein" wird zerlegt in die Gegensätze „gross" und „klein":

cf. hierüber und über ähnliche Antithesen die „Zergliederung", § 18, II.

§ 25.

Das Zeugma.

Unter Zeugma versteht man die Beziehung eines Wortes auf zwei oder mehrere verschiedene, während es nur zu einem derselben passt.

Das Zeugma findet sich selten in unseren Dichtungen; nur folgende Stellen sind mir aufgefallen:

> A. 215. A lor cols pendent les escus as lyons
> Et en lor poins les roiaus confanons.;

cf. 1456—57. 1921—22.

> A. 1407. Ce dist li rois et li saint qui sont ci.

cf. A. 3188. J. 3389. 3954—55.

§ 26.

Die Parenthese.

Eine Parenthese entsteht dadurch, dass etwas scheinbar als nebensächlich beigefügt wird, während es doch in Wirklichkeit nachdrucksvoll hervorgehoben werden soll. Sie hat ihre Wirkung in der Stellung, indem sie einen selbständigen, zwischen die begonnene Rede tretenden Satz bildet und so dem Gedanken Kraft und Nachdruck verleiht.

Der Dichter bedient sich der Parenthese:

a) Zum Ausdruck seiner subjectiven Ansicht:

    A. 550. Veoir l'alaisse volontiers, ce m'est vis,
          Le matin par som l'aube.

    A. 871. Li maus lyons devenoit com uns hon,
          Ce m'iert avis, Hardre l'appelloit on.

b) Zur Versicherung der Wahrheit des von ihm Erzählten und um sich auf seine Quelle zu berufen; cf. hierüber § 14.

c) Zur Angabe des Namens einer Person:

    J. 3882. Uns siens parens en est avant passez,
          Foucars ot non, uns traitres prouvez;

cf. J. 2893—94.

d) Um seine Zuhörer auf etwas wichtiges aufmerksam zu machen; cf. § 14.

e) Bei Ausrufungen, Anrufungen, Flüchen etc:

    A. 1337. Bien le crois, lasse! sans nulle tricherie;

cf. J. 649. 671.

    A. 1524. Miex fust, par deu, que je fuisse fondue; cf. J. 718.
    J. 361. Que, s'elle en gouste, par la vertu dou ciel!
          Je voz ferai touz les membres tranchier.

    J. 2465. Lasse, forfaite! que porrai devenir?

cf. A. 2359—60. 3353—54. J. 111. 125—26. 361—62. 483—84. 994.

Anmerkung. Die Inversion. Inversion nennt man die von der gewönlichen abweichende Stellung eines Wortes innerhalb des Satzes. Sie hat also, wie die Parenthese, ihre Wirkung in der Stellung, die sie einem hervorragenden Begriffe zu den übrigen gibt. Zugleich wird auch durch die Abweichung von der gewöhnlichen Wortstellung die Auf-

merksamkeit länger gefesselt, indem dadurch der natürliche
Fortschritt in der Entwickelung der Vorstellungen vorüber-
gehend ins Stocken gerät; cf. Wackernagel, l. c. S. 417.

Da jedoch die Inversion, wie im Afr. überhaupt, so auch in
A. u. J. im Vergleich zum Nfr. in der willkürlichsten Weise
gehandhabt wird, so dass es unmöglich sein würde, sie in
einem kurzen Abschnitte zu behandeln; da die Inversion
ferner in höherem Grade in das Bereich der Syntax als in
das der Poetik fällt, so glaube ich dieselbe hier unberück-
sichtigt lassen zu dürfen.

§ 27.

D a s   A s y n d e t o n.

„Das Asyndeton besteht darin, dass man das Binde-
wort, welches die eigentliche und gewöhnliche Rede fordert,
fallen lässt und die einzelnen Vorstellungen unmittelbar
eine an die andere reiht. Es ist ein Mittel zur Bewegung
des Ruhigen; es bringt grössere Beweglichkeit, einen
rascheren Fluss in die Darstellung hinein"; cf. Wackernagel, l. c. S. 409.

In A. und J. ist das Asyndeton sehr häufig gebraucht.
Der Dichter bedient sich desselben namentlich in folgenden
Fällen:

a) zur Bezeichnung des eiligen Bewaffnens:

A. 211. Lors s'adouba la maisnie Charlon,
Vestent haubers, lacent elmes reons,
Ceingnent espees as senestres girons,
Montent es selles des destriers arragons,
A lor cols pendent les exus as lyons
Et en lor poins les roiaus confanons.
Oevrent les portes, les pons lievent amont.

J. 1766. A ces paroles saillit en aufferrant,
A son col pant un fort escu pezant,
En son poing prinst un roit espie tranchant.

J. 3959ʼ Lors s'adouba sans nulle demoree,
Isnellement a la broingne endossee,
L'iaume lacie, si a ceinte l'espee,
Monte el destrier ou la sele est doree;

cf. A. 364—65. 845—46. 1654—59. J. 1039—44.
1884—85. 3921—25.

b) Zur Bezeichnung des unruhigen und wechselnden
Kampfgewühles u. ä.

A. 377. La veissiez un estor commencier,
Tant escu fraindre, tante lance brisier,
L'un mort sor l'autre verser et trebuchier

A. 462. Je vi Hardre la grant presse desrompre,
Brisier sa lance, ses annemis confondre.

J. 1068. Le destrier point par merveillouse haste,
Sor son escu ala ferir Gervaise,
Grant cop li donne par de desus la targe,
Desoz la boucle li desrompt et dequasse,
Le blanc hauberc li desront et desmaille,
Parmi le cors le roit espie li passe,
Tant com tint l'anste, l'abat mort en la place;

cf. A. 1476—78. J. 1651—59. 2196—97. 4037—40.

c) Zur Bezeichnung der Eile beim Aufbruch zum Kampfe
oder zu einer Reise:

A. 897. Au main se lieve, si vest ses meillors dras,
Ses chevaliers richement conrea,
Isnellement en son chemin entra.

J. 2414. En mer s'en entrent, dou naigier s'aban-
donnent,
Il passent Tunes, a senestre l'esloingnent
Et costoierent le fum de Babiloinne;

cf. J. 2994—3000.

d) Zur Bezeichnung der Unruhe und der Hast, die den
Amiles beschlich, als er sich zum Morde seiner Kinder
anschickte:

A. 3018. Li cuens Amiles vint vers le lit esrant,
Hauce l'espee, li fiuls le col estent

A. 3021. La teste cope li peres son anfant,
Le sanc reciut el cler bacin d'argent
A poi ne chiet a terre.

A. 3027. Puis vint a l'autre, houce le brant d'argent,
Le chief li trauche tres parmi le colier,
Le sanc reciut el cler bacin d'or mier.

— — — — — — — — — — —

Les douz anfans couvri d'un riche tapis chier,

Hors de la chambre ist i cuens sans targier,
Moult par a fait les huis bien verroillier[1]).

Anmerkung. Dieselbe Eile bezeichnet das Asyndeton bei dem Waschen mit dem Blute (das Asyndeton ist hier teilweise verbunden mit dem Polysyndeton; cf. § 28, 2.):

A. 3061. Or fu Amis en la cuve en parfont,
    Li cuens Amiles tint le bacin reont,
    Dou rouge sanc li a frote le front,
    Les iex, la bouche, les membres qu'el cors sont,
    Jambes et ventre et le cors contremont,
    Pies, cuisses, mains, les espaules amont,
    Dou sanc partout le touche.

e) Bei Aufzählungen und tautologischen Begriffen. (Ueber das Polysyndeton bei Aufzählungen etc. cf. § 28. 1, a u. b.):

A. 1904. Si vit les loges, les pavillons, les tres.
A. 2306. De la vitaille, dou pain querrai por de.
A. 3091. Li cuens Amiles . . . . .
    Cort en sa chambre, bons dras en a gietez,
    Il paire ensamble, bien en iert aaissiez.
    Cotes, sorquos, mantiauls bien entailliez.
A. 3103. Tant s'entresamblent dou vis et dou menton,
    Dou contenir, del nes, de la raison . . . .
A. 3169. Venez en tuit, bonne gent honoree,
    Serjant, borjois, chevalier, gent letree,
    La sus amont en la sole pavee.
J. 2425. Il ne treuve home, chevalier, clerc ne prestre;
    cf. A. 39. 366. 3211. J. 812. 1494—96. 1626—27. 2487—88. 2539—41.

f) Ausserdem finden sich noch folgende Asyndeta:

A. 795. S'espee mande, volt lui toillir le chief.
A. 1236. Il i voldra sa fame desmembrer,
    Buevon son fils, Belissant au vis cler.
A. 1320. Buevon mon fil, ma fille Belissant.
A. 2459. Li serf l'entendent, grant joie en ont mene,
    Le droit chemin ont il bien demande,

---

[1]) Man beachte hier, wie die Verwendung der epitheta ornantia zuweilen ganz gedankenlos erfolgt: dasselbe Becken, welches v. 3029 als aus lauterem Golde gefertigt bezeichnet wird, wurde v. 3022 „silbern" genannt.

Toutejor vont tant qu'il fu avespre.
Droit a Montramble sont la nuit ostele;

cf. A. 290—96. 930—35. 1933—40. 2566—68. 2654—60.
2989—90. 3179—82. 3185. J. 625—28. 701—702. 942.
1145. 1510—11. 2884. 3021—22. 4179—80.

§ 28.
Das Polysyndeton.

Das Polysyndeton ist dem Namen und der Sache nach
das reine Gegenteil des Asyndetons, ein Mittel zur Beruhigung des Bewegten. Durch die Häufung von Conjunc-
tionen und die dadurch erzeugte Reihe von Vorstellungen
wird die Einbildung auf dem gleichen Punkte festge-
halten und die Aufmerksamkeit haftet mehr an jedem
der einzelnen Begriffe. Das Asyndeton gibt eine progres-
sive Folge von Momenten, das Polysyndeton macht die
einzelnen Momente einander gleichzeitig; cf. Wackernagel, l. c. S. 413.

Das Polysyndeton ist in A. und J. ungemein oft zur
Anwendung gebracht. Wo es vorkommt, ist es (mit wenigen
Ausnahmen) jedoch meist nur zweigliedrig, indem zwei Begriffe
meist durch et...et verbunden sind. Sehr oft macht es den
Eindruck, als ob der Dichter sich desselben nur bedient
habe, um den Vers auszufüllen. So z. B. bei: et orgoilloz
et fiers; A. 395. — et le pais et la terre; A. 602. —
duel et dammaige et tristor; J. 141. — et secorre et
aidier; J. 252 etc. bezweckt der Dichter augenscheinlich
weder eine Beruhigung des Bewegten, noch eine Hervor-
hebung dieser Worte, wie wir sie durch „sowohl — als
auch" erreichen.

Im Einzelnen ist das Polysyndeton angewendet:

1. Bei einzelnen Worten:

   a) in einer Aufzählung:

   A. 45. En icel jor a guerpie sa terre
   　　　 Et pere et mere, serors et damoiselles
   　　　 Et IIII freres a laissiez en Auvergne.

A. 541. Lors li ramembre auques de son pais
    Et de sa fame et de son petit fil.

A. 568. . Car puis que fame fait home acuverter
    Et pere et mere li fait entroublier
    Couzins et freres et ses amis charnez.

A. 784 Faitez venir mon aufferant destrier
    Toutes mes armes et mon tranchant espie
    Et mon escu et mon elme d'acier.

A. 910 Beneois soit li pres que je voi ci
    Et touz li lieus et li biaus edefis.

J. 88. Tant vos donroie entre or fin et deniers
    Bors et chastiax et villes et plaissies.

J 145. Plorent cil moinne et clerc et chapelain.

J. 615. Ne place a deu, que ja teingnes chastel,
    Donjon ne ville ne cite ne recet.

J. 634. Or et argent voz donroie a plente
    Et bors et villes et chastiax et citez.

J. 804. Molt l'enammerent serjant et chevalier
    Et clerc et lay et prestre de monstiers.

Aehnlich: A. 57. 981—82. 1048—49. 1554—55.
1700—01. 1707—08. 1960. 2145. 2206—07. 2518. 2540.
3070. 3250—51. 3387. J. 996. 1194. 2069—70. 2285.
2793. 3222—23. 3401 3410. 3519—20. 3789—90.
4118. 4125—26.

Fast immer werden die Namen für die Gerichte
einer Mahlzeit polysyndetisch aufgeführt:

A. 2652. Et pain et vin et poissons a mengier.

J. 60. Et pain et char et clare et vin viez.

J. 813. Asses i ot venoison et daintiers,
    Grues et jantes et masles et plouviers.

b) Tautologische Begriffe werden sehr häufig polysyndetisch verbunden:

A. 285. Et Hardrez fu et fel et losengiers.

A. 263. Et quant que j'ai et trestuit mi denier.

A. 395. Moult plus s'en fra et orgoilloz et fiers.

J. 141. Or avonz duel et dammaige et tristor.

J 229. . . . . com estiiez senez
    Preus et hardis et chevaliers membrez.

J. 252. Qu'elle la veingne et secorre et aidier

J. 295. Por deu vos proi et commant et chastoi;

cf. A. 88. 602. 617. 725. 912. 1002. 1258. 1408.
1430. 1437. 1553. 1595. 1700—01. 1728. 1893.
2076. 2086. 2114. 2115. 2128. 2228. 2236. 2301.
2303. 2317. 2321. 2352 2388. 2489. (ou—ou).
2773—74. 2876. 2887. 3068. 3087. 3163—64. 3286.
3394. 3416 J. 368. 529. 659. 671. 705. 713. 734.
764. 833. 874. 883. 925. 1013. 1124. 1359. 1702.
1728. 1792. 2090. 2123. 2158. 2223. 2334. 2385.
2433. 2520. 2537. 2717. 2797. 2853. 2925. 2931.
3074. 3217. 3252. 3291. 3423. 4064. 4119.

c) in adverbialen Verbindungen:

A. 85. et par terre et par mer. — J. 1266.
et arriere et avant. — J. 1743. et derriere et devant;
cf. J. 2200. 3496. — J. 3785. et devant et derrier.
— J. 4170. et de lonc et de le. — A. 149. et aval
et amont.

d) Auch Worte, die verschiedene Begriffe bezeichnen,
werden durch das Polysyndeton verbunden; meistens
geschieht dies jedoch, wie schon oben bemerkt, nur
zur Ausfüllung des Verses:

A. 1156. Quant assez ont et mengie et beu.

A. 1196. Qui me donna et herbes et poisons.

A. 1235. . . . . uns fossez
Grans et plenniers et de bois bien plantez.

A. 1281. . . . . vint uns angres volant
Qui li toilli et l'espee et l'anfant.

A. 1288. Mirre et encens et or par bon talant.

A. 1715. Quant le rois oit et le fais et le dis.

A. 1761. Li cuens entant et le dit et le don.

J. 476. La n'a mestier ne li vairs ne li gris
Prevos ne maires ne argens ne or fins.

J. 494. Et en la virge et char et sanc preiz;

cf. J. 1220. 1387. 1926. 2362. 2459. 3489. 3898.
A. 2293 2313. 2399. 2565. 2637. 2755. 2923. 3079.

2. Bisweilen ist das Polysyndeton neben dem Asyndeton gebraucht; cf. § 27 d. Anm. Es ist dies namentlich an
folgenden Stellen der Fall:

A. 39. Ils s'entresamblent de venir, de l'aler
Et de la bouche et don vis et don nes.

A. 3063. Dou rouge sanc li a frote le front,
Les iex, la bouche, les membres qu'el cors sont,
Jambes et ventre et le cors contremont,
Pies, cuisses, mains, les espaules amont.

J. 2419. En la nef chieent huit, dis et onze et doz.

3. Ganze Sätze sind polysyndetisch verbunden.

a) das Subject ist dasselbe:

A. 669. Au lit le conte s'i est tost approchie
Et sozleva les piauls de martre chiers
Et elle s'est lez le conte couchie.

A. 3323. Gautiers li ostes les a moult esgardez
Et a Ami son seignor ravise
Et puis parole . . . .

J. 3050. Oriabax vers Reniers s'umelie
Et il la claimme et sa damme et s'ammie
Et li permet et sa force et s'aie.

b) das Subject ist verschieden:

A. 22. En une nuit furent il engendre
Et en un jor baptizie et leve
Et lor parrains . . . .
Fu apostoiles de Romme la cite;

ähnlich A. 1041—44.

A. 3238. Et le saint sonnent tout par euls sans tyrer
Et li clerc chantent tuit hautement et cler.

J. 3385. De maintes pars fu la gens assamblee
Et fors li cris et moult grans la huiee
Et si disoient coiement a celee;

cf. J. 3590—91. 3926—28. 3650—51.

§ 29.

Schlussbemerkung.

Es liegt die Frage nahe, ob bei dem nahen Verhält-
nisse der beiden Dichtungen zu einander ein Verfasser
für dieselben angenommen werden müsse. [1]) Da jedoch die
Untersuchung dieser Frage nicht lediglich auf Grund der

---

[1]) John Koch, l. c., S. 52—53 lässt diese Frage unentschieden.

Beobachtungen des poetischen Sprachgebrauches geführt werden darf, sondern auch eingehende Berücksichtigung der Beschaffenheit des beiderseitigen Wort - und Wortformenbestandes sowie des Versbaues (namentlich der Assonanzen) erfordert, so behalte ich sie mir für eine andere Gelegenheit vor. Nur soviel sei bemerkt, dass nach meiner auf vielfache Beobachtungen sich stützenden Ueberzeugung die aufgeworfene Frage zu verneinen sein wird.

Nachträge und Verbesserungen.

S. 5, Z. 17 v. o. hinzuzufügen: Konrad Hofmann, „Ueber Jourdain de Blaivies, Apollonius von Tyrus, Salomon und Marcolf.“ Abhandlung in den Sitzungsberichten der phil.-hist. Klasse der k. b. Academie der Wissenschaften 1871, S. 415—448 (= Anhang II der 2. Auflage der Ausgabe.) — S. 5, Z. 4 v. u. lies: Französische statt französische. S. 15, Z. 9 v. u. lies: Anstössigen statt anstössigen.

Vita.

Ich, Carl Joseph Hubert Huellen, wurde am 12. Juli 1858 zu Hilberath, Kreis Rheinbach, geboren. Meine Eltern, Caspar Huellen und Catharina, geb. Frings, befinden sich zu meiner Freude noch im besten Wohlsein. Ich gehöre der katholischen Religion an. Den ersten wissenschaftlichen Unterricht erteilte mir der nunmehr verstorbene Pfarrer meines Heimatsortes, Herr Pfarrer Rothes. Nachdem ich 5½ Jahr das Progymnasium zu Rheinbach und 2 Jahre das Gymnasium zu Düren besucht hatte, wurde ich Ostern 1879 mit dem Zeugnis der Reife entlassen. Von Juni bis September 1879 war ich Posteleve in Bonn und Köln. Im W.-S. 1879/80 besuchte ich die Universität Bonn, um mich dem Studium der neueren Sprachen zu widmen; dort hörte ich 2 Semester hindurch die Vorlesungen der Herren Professoren: Birlinger, Bischoff, Delius, Foerster, Knoodt, Maurenbrecher, Schaaffhausen und Schaefer. Seit meinem dritten Semester besuchte ich die Academie zu Münster i. W. und hörte dort während 5 Semester die Vorlesungen der Herren Professoren: Hagemann, Koerting, Langen, Niehues, Spicker und Storck. — Allen meinen Lehrern, namentlich dem Herrn Prof. Dr. Koerting, spreche ich hiermit meinen aufrichtigsten Dank aus.

DIE VERBALEN SYNONYMA

IN DEN

CHANSONS DE GESTE

AMIS ET AMILES

UND

JOURDAINS DE BLAIVIES.

EIN BEITRAG

ZUR

WORTBEDEUTUNGSLEHRE (SEMATOLOGIE)

DES

ALTFRANZÖSISCHEN.

INAUGURAL-DISSERTATION

ZUR

ERLANGUNG DER PHILOSOPHISCHEN DOCTORWÜRDE

AN DER

KÖNIGL. ACADEMIE ZU MÜNSTER I. W.

VON

CARL LAUSBERG

AUS HERDECKE.

MÜNSTER.

E. C. BRUNN'SCHE BUCHDRUCKEREI

1884.

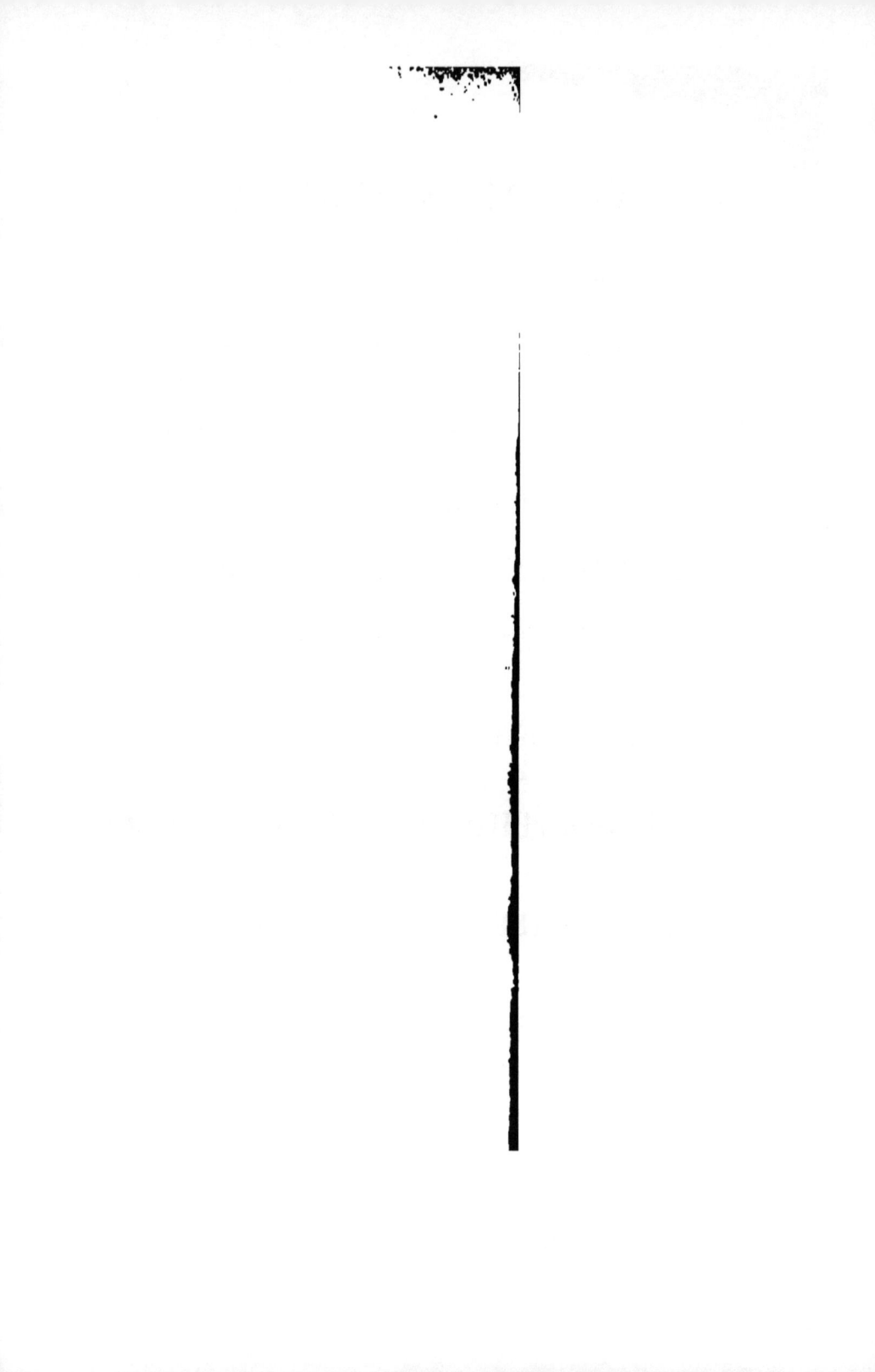

Vorbemerkung.

Die Abhandlung, welche ich der hohen philosophischen Fakultät der Kgl. Akademie zu Münster als Inaugural-Dissertation vorlegte, überschritt weit den üblichen Umfang einer derartigen Schrift. Aus äusseren Rücksichten übergebe ich daher gegenwärtig nur einen der drei Hauptteile*) meiner Arbeit, den die verbalen Synonyma behandelnden Abschnitt, dem Druck, die Veröffentlichung der übrigen mir für spätere Zeit vorbehaltend. An die Leser der jetzt erscheinenden Schrift aber darf ich wohl die Bitte richten, dessen eingedenk sein zu wollen, dass dieselbe eben nur ein Bruchstück ist und schon deshalb, auch wenn sie nicht eine Erstlingsarbeit wäre, nicht den Anspruch erheben kann, ein abgeschlossenes und vollkommenes Ganze zu sein.

*) I. Teil: Nomina. A. Substantiva, B. Adjektiva. II. Teil: Verba. III. Teil: Partikeln.

Einleitung.

Das Gebiet der Wortforschung (Lexikologie) ist, abgesehen von der Etymologie und Lexikographie, in der französischen wie überhaupt in der romanischen Philologie ein verhältnismässig noch fast ganz brach liegendes, der Bebauung harrendes Feld. Und doch ist es befremdlich, dass gerade diese Disciplin, trotzdem sie so reichen und lohnenden Stoff sowohl für allgemeine, als auch besonders für Einzeluntersuchungen bietet, noch so wenig Beachtung gefunden hat, während man sich den anderen Zweigen mit regem Eifer und grossem Erfolge zugewandt hat. Beweisend für die Vernachlässigung der Lexikologie ist schon an sich die Thatsache, dass wir bis jetzt kein vollständiges altfranzösisches Wörterbuch besitzen, [von dem Godefroy'schen sind bekanntlich erst 3 Bände erschienen], ferner, dass über so wichtige Kapitel, wie den Bedeutungswandel, den Schwund, bezw. die Ersetzung lateinischer Worte innerhalb des Französischen, Spezialuntersuchungen noch gänzlich fehlen *).

Aehnlich steht es mit der französischen Synonymik. Wir haben zwar die grossartige Leistung von Lafaye (Dictionnaire des synonymes de la langue française, Paris, 4ième éd. 1878), die Synonymik von Schmitz (Französische Synonymik, 2. Ausg. Leipzig 1877) etc., aber alle diese nehmen

---

*) Vor kurzem ist allerdings eine kleine Abhandlung von Lehmann „Ueber den Bedeutungswandel im Französischen", Erlangen 1884, erschienen, deren Resultate ich aber nur an einigen Stellen verwerten konnte, da meine Arbeit bereits im Manuscript fertig vorlag.

die Bedeutung der Worte als etwas Gegebenes hin, ohne sich um den Wandel in der Bedeutung, den die Worte im Laufe der Jahrhunderte erlitten haben, zu kümmern.

Soll jedoch dieser Zweig der wissenschaftlichen Behandlung des Sprachschatzes historisch behandelt werden, so ist vor allem eine altfranzösische Synonymik notwendig.

In Bezug auf ihre Nützlichkeit braucht sich die Synonymik überhaupt nicht zu legitimieren. Es ist darüber auch von so berufenen Händen *) geschrieben worden, dass ich natürlich nicht wage und nötig habe, mich über ihre Wichtigkeit zu ergehen; ich möchte nur einige die altfranzösische Synonymik insbesondere betreffende Punkte berühren.

Nicht allein ihre Bedeutung für die neufranzösische Synonymik ist es, welche das Studium der altfranzösischen nützlich und ergiebig macht, sondern die Wichtigkeit der letzteren an sich lohnt die Beschäftigung mit ihr. Es gewährt schon an sich hohes Interesse, den Wortschatz jener schlichten, einfachen, aber doch so gemütvollen Sprache, die gerade uns Deutsche so sehr anheimelt, weil sie zu einem Teile noch von echt germanischem Geist, nicht aber von jener verstandesmässigen Nüchternheit des Neufranzösischen durchhaucht ist, zu untersuchen. Dann aber führt uns die altfranzösische Synonymik, die uns zeigt, welche verschiedenen Seiten das mittelalterliche Frankreich einem Begriff abzugewinnen, welche Nuancierungen es ihm zu geben wusste, welche Abzweigungen desselben es kannte, nicht allein in den Geist, das Leben jener Zeit ein, sondern gibt uns auch Mittel an die Hand, unmittelbare Schlüsse auf die damalige Kultur zu ziehen. Die verschiedenen Namen für „Gott" und ihre mannigfaltigen Epitheta gestatten uns z. B. einen Einblick in die damaligen Religionsverhältnisse und religiösen Anschauungen; die überreiche Fülle von Worten für

---

*) Lafaye in seiner „Introduction sur la théorie des synonymes", Chap. VII „Utilité de l'étude comparative des mots synonymes", Schmitz in seiner „Einleitung in das Studium der Synonymik".

„Schurke" beweist, dass „Europens übertünchte Höflichkeit"
ein damals nicht allein dem Kanadier unbekanntes Ding
war; die vielen synonymen Bezeichnungen für „Pferd" erlau-
ben uns Schlüsse auf das ritterliche Leben, Verkehr, Acker-
bau und Kriegsführung jener Zeit.

Durch einen Vergleich der altfranzösischen Synonymik
mit der neufranzösischen wird bestätigt, was auch sonst
bekannt, dass die alte Sprache über einen teilweise anderen
Wortschatz verfügte, als die moderne. Vergleicht man z. B.
die von Lafaye für „täuschen" angeführten Worte: „tromper,
abuser, décevoir, en imposer, leurrer, surprendre, amuser,
donner le change; — attraper, duper, enjôler, embabouiner"
(pag. 1008) mit den von mir im Amis und Jourdains auf-
gefundenen: faillir; enchanter, souduire, engingnier, agaitier;
boisier; — fausser, mentir, so ersieht man, dass nicht ein
einziges der acht altfranzösischen Verba mit dem Dutzend
neufranzösischer übereinstimmt, sondern dass sie alle ganz
verschiedenen Ursprungs sind.

Aehnliche, höchst interessante Schlüsse ergibt dieses
Vergleichen hinsichtlich des Bedeutungswandels. Ein einziges Beispiel möge dies beweisen. Der Unterschied zwischen présenter und offrir wird von Lafaye folgendermassen
angegeben: „On ne présente que des choses présentes qu'on
met devant les yeux ou sous la main; on offre tout ce qu'on
met en avant, tout ce qu'on propose, et, par exemple, des
choses absentes, abstractes ou à venir. Vous présentez un
bouquet, vous offrez des services."

Aus den Belegstellen im Amis und Jourdains*) aber ergibt sich für das Altfranzösische der ganz umgekehrte
Gebrauch.

Lafaye sagt in der Einleitung zu seinem gewaltigen
Dictionnaire: „Les synonymes abondent dans les langues
anciennes, dans les langues modernes ils deviennent de plus

---

*) cfr. A 1076. Li siens services voz sera présentez,
   und A 1644. Un anel d'or i a offert le jor.

en plus rares.", und deshalb ist das Studium der Synonymik der alten Sprachen vielleicht erspriesslicher als das der modernen. Es ist ja wahr, dass die Neigung zur Häufung sinnverwandter Wörter, gerade wie die zur Parataxe, geringe Gewandtheit in der Sprache beweist, und dass die Anhäufung von Synonymis — die communio nominis — ein sehr oft angewandtes Mittel zur Verstärkung des Ausdrucks und ein beliebter Schmuck der alten Poesie ist; doch das Studium der altfranzösischen Synonymik zeigt, dass die Tautologie in den Dichtungen des mittelalterlichen Frankreichs viel seltener zum Datismus ausartet, als allgemeine Ansicht ist. Durch die Unkenntnis der feineren Unterschiede der tautologisch verknüpften Worte lässt man sich leicht verleiten, fehlerhaften Hang zur Anhäufung anzunehmen und den Dichter der Breite, Oberflächlichkeit und mangelnder Tiefe zu zeihen.

Ein näheres Eingehen auf die Unterschiede der Synonyma, deren reiches Vorhandensein übrigens zum Teil auch durch die epischen Wiederholungen erklärt wird, zeigt aber, dass dem Dichter beim Aneinanderreihen derselben ganz verschiedene Gedanken vorgeschwebt haben, und dass er dabei — wenigstens meistens — mit vollem Bewusstsein und reiflicher Ueberlegung verfahren ist. Neigung zu Datismus finden wir z. B. wohl in

J 2343. Ce dist la laittre et li bries qui est ci,

nicht aber in

J 1371. Qui si m'avez secorru et aidie,

welchen Vers wir genau übersetzen müssen: „Die Ihr mir zur Hülfe geeilt *(sub-currere)* seid und beigestanden habt"; oder in

J 2397. Se trouvroie home pelerin ne paumier,

worin wir die beiden letzten Substantiva beide mit „Pilger", höchstens, um die Wiederholung desselben Wortes zu vermeiden, mit „Pilger" und „Wallfahrer" übersetzen, aber kaum den tieferen Unterschied zwischen diesen beiden Worten, mit denen zwei ganz verschiedene „Pilger" gemeint sind, beachten.

Es erhellt also, dass das Studium der altfranzösischen Synonymik wegen seiner Wichtigkeit sowohl an sich als auch für die neufranzösische Synonymik, wegen seiner mittelbaren wie unmittelbaren kulturgeschichtlichen Bedeutsamkeit, wegen seiner nahen Beziehung zu anderen lexikalischen Gebieten und — last, not least — wegen seines Nutzens zum richtigen Verständnis und Würdigung der altfranzösischen, an sinnverwandten Worten so reichen Poesie unumgänglich notwendig ist.

Ein kleiner Baustein zu dem hoffentlich bald erstehenden Gebäude der altfranzösischen Synonymik möge meine Arbeit sein, der ich die beiden Chansons de geste Amis et Amiles (A) und Jourdains de Blaivies (J) [nach der Pariser Handschrift herausg. von Conr. Hofmann. Erlangen 1882] zu Grunde gelegt habe.

Was meine Arbeit im einzelnen betrifft, so habe ich die Etymologie, die ja die Grundlage aller Worterklärungen und das im allgemeinen sicherste Kriterium der Wortunterscheidungen ist, sodass man, wie ein französischer Synonymiker sagt, „ohne sie auf Sand baut", gebührend berücksichtigt*), also den Fehler, den Schmitz in der Einleitung zu seinem citierten Werk an den neufranzösischen Synonymikern rügt, nämlich, dass sie das Etymon nicht genügend beachten, möglichst zu vermeiden gesucht. Citate hätte ich gerne in noch viel weiterem Umfange gegeben, wenn es nur der einer Dissertation zugemessene Raum gestattet hätte; ich habe mich deshalb häufig auf blosse Angabe der Verszahlen beschränken müssen, diese aber fast durchweg vollständig angeführt (die auf die in übergrosser Anzahl vorkommenden Wörter bezüglichen natür-

---

*) Benutzt wurden die etymologischen Wörterbücher von Diez, Scheler und Brachet; ferner das Glossarium mediae ac infimae latinitatis von Du Cange-Henschel.

lich ausgenommen), da sich aus der Anzahl der Belegstellen ergibt, wie sich die einzelnen Synonyma in der Häufigkeit ihres Gebrauchs zu einander verhalten.

Der vielfachen Mängel meiner Arbeit bin ich mir wohl bewusst, doch werden wohlwollende und einsichtige Leser einen Teil derselben den sehr mangelhaften Hülfsmitteln (sehr fühlbar machte sich mir der Mangel eines ausreichenden altfranzösischen Wörterbuchs) zuschreiben und wissen, wie leicht man gerade bei der Feststellung von Wortbedeutungsunterschieden fehlgreift.

Zum Schluss ist es mir eine angenehme Pflicht, Herrn Professor Dr. Körting für die Bereitwilligkeit, mit der er mich bei der Abfassung dieser Arbeit unterstützte, herzlichst zu danken.

A. Zeitliches Sein.
Gruppe I.
Verba des zeitlichen Seins.

1. Anfangen — commencier, A 104. 242. 377. 706
796. 829. 2215. 2292. 2334. 2442. 2693. 2742. 2917. 3053.
3415; encommencier, A 1801; J 79; prendre, A 238. 718.
1414. 1897. 3047. 3313. 3381; J 1783. 2571; enprendre,
A 284. 2007; J 1396. 1404. 1435. 2687.

commencier = L *cum-initiare (in-ire) und encommencier = L *in-cuminitiare, bedeuten allgemein „beginnen, anfangen":

> A 1779. commence a dire
> A 1801. encommensa a dire;

prendre = L prehendere und enprendre = L *inpre-
hendere, „Jemand ergreifen, um mit ihm etwas zu thun, zu
beginnen", deshalb stets mit persönlichem Object verbunden:

> A 238 le prinst a acointier
> A 2007. l'enprinst a arraisnier.

2. Bleiben — manoir; remanoir, J 2490. 2932; durer,
A 2458. 2851; J 2981; regnier, A 431. 1905. 2786.

manoir und remanoir, = L manere bez. remanere,
allg. „bleiben", durer = L durare (durus), „hart sein" —
„dauern".

> J 2981. Tant com el cors la vie li durra.

regnier = L regnare, „in einem Zustande verharren."

> A 2786—87. „Que ne me laist trop longuement regnier
> En iceste maniere."

3. Beenden, aufhören — finer, A 292. 908. 1262. 1340.
1352. 2519. 2811. 3225; J 166. 565. 683. 989. 1027; afiner,
A 827. 832; J 2496. 3238; definer, A 3499.

finer = L *finare (finis)*, a f i n e r = L *ad-finare*
und d e f i n e r = L *de-finare* — werden promiscue im Sinne
„beendigen, aufhören" verwandt.

4. **Vergehen** — passer, A 189. 547. 1246. 1634. 3332.
3369; J 1139. 3205. 4233; trespasser, A 1448; J 596. 3236.

p a s s e r = L *passare (v. passus)* „schrittweise durchschreiten", drückt auch das langsame, stufenweise Vergehen,
Vorübergehen der Zeit aus, t r e p a s s e r = L *trans-passare*,
über etwas hinausschreiten, bezeichnet nicht allein das Vergehen eines Zeitabschnittes, sondern auch das Ueberschreiten
seiner Grenze.

J 596. Cil jors trespasse, si revint l'anuitie.
Die ursprüngliche Bedeutung zeigt sich noch in:

J 3236. Mais nus ne put trespasser son terminne.

5. **Sterben** — mourir, J 438. 3219; finer, A 2791.
2904. J 1027; afiner, J 220. 3377. 4131. 4208; definer,
A 181; perir, A 2674; J 3063.

m o u r i r = L *morire* allg. „sterben"; — f i n e r = L
finare, endigen, zum Ziele *(finis)* gelangen, sterben, und
seine Composita: a f i n e r = L *ad-finare* und d e f i n e r =
L *de-finare*, heben hervor, dass das Leben an seinem Ziele
(finis) angelangt ist, p e r i r = L *perire*, „eines unnatürlichen
Todes sterben".

J 3062—63. Jusqu' a celle hore que en seroiz saisie
De vostre fille, se n'est morte ou perie.

B. Räumliche Berührung und Bewegung.

Gruppe II.

Verba des Berührens von Gegenständen.

6. **Berühren** — touchier, A. 3067. 3074, J 555. 1636.
1837. 2220. 3028; adeser, J 555. 1636. 1029. 1837. 2220.

t o u c h i e r, vom ahd. *zuchôn, zucchen*, unser „zucken"
(Diez), Frequentativ von „ziehen" (vgl. nfrz. toucher de

l'argent, Geld einziehen) — „zupfen, anrühren, anfühlen, empfindlich berühren", a d es e r = L * *addensare (densus)*, etwas verdichten, so berühren, dass man es zusammendrückt. (Im A. und J. beide meist tautologisch verbunden im Sinne: Jemand anrühren, um ihm ein Leid anzuthun, ihn zu verletzen.)

7. **Ergreifen** — prendre, A 186. 440. 2567. 2962. 3432. 3457. J 1168. 1241. 2019; saisir, A 1135. 1413. 1542. 1869. 2032. J 324. 2209. 3847; empoingnier, A 1553.

p r e n d r e = L *pre(-he-)ndere*, fassen, greifen, ergreifen, sowohl buchstäblich (A 2962) als auch bildlich (A 3457). Die folgenden werden nur im eigentlichen Sinne gebraucht; s a i s i r = L *saisire* vom ahd. sazjan, sich einer Sache bemächtigen, von etwas Besitz nehmen J 1869. 2032. 3847, sonst ergreifen mit der Hand:

J 2209. Par vive force l'ont maintenant saisi;

e m p o i n g n i e r = L * *im-pugnare* von *pugnus*, Faust; mit der Hand ergreifen, fassen.

8. **Stossen, schlagen** — batre, A 2237. 2239. 2251; J 3287; embatre, A 2562; rabatre, J 1654. 1659; ferir, A 223. 478. 967. 1486. 1489. 1520. 1539. 1679. 2013. 2087. 2254. 2568. 2986; J 436, 1753; referir; hurter, A. 968; J 433. 3007; bouter, A 2441. 2622; J 3286. 3367.

b a t r e = L * *bat[u]ere*, „schlagen"; e m b a t r e = L * *in-bat[u]ere*, „hineinschlagen, hineinstossen":

A 2562. Jusqu'an la goule li a tout embatu,

und r a b a t r e = L * *re-ad-bat[u]ere*, „niederschlagen", bezeichnen „schlagen mit nicht scharfen Gegenständen" (mit der Faust, Stock etc.); f e r i r = L *ferire*:

A 1539. Et fiert Hardre dou pommel lez l'oie.

r e f e r i r = L *referire* und bedeuten „schlagen", „stossen mit scharfen Gegenständen" (Schwert etc.); h u r t e r, deutschen Ursprungs, verwandt mit unserm „hurtig", das eigentlich „im Stoss" bedeutet, drückt ein schnelles, „hurtiges" Stossen aus:

A 968. De son poing destre le hurte sor le bu;

bouter, vom ahd *bôzen*, ist „stossen" mehr im Sinne von „schieben":

A 2441. Vilainnement voz ferai fors bouter.

A 2622. L'uns trait devant, l'autres boute derrier.

9. **Spornen** — esperonner, J 4036; poindre, J 1048. 1123. 1662; brochier, A 145. 175. 1677. J 4016; hurter, A 142. 145. 1476.

esperonner vom ahd. *sporo*, „Sporn", das eigentliche und allg. Wort (unser „spornen"); brochier = L *brochiare (v. *brochus*, spitzer Zahn), mit einer Spitze prickeln, stechen, antreiben; poindre = L *pungere*, mit den Sporen in den Körper des Pferdes „stechen"; hurter (siehe vorig. Art.) „stossen":

A 1476. Les destriers hurtent des esperons tranchans.

10. **Schneiden, (abschneiden)** — taillier, A 2286. J 970; coper, A 391. 704. 713. 753. 875. 891. 1037. 1226. 1247. 1606. 1912. 2016. 2590. 2943. 2945. 3005. 3021. 3040. 3157. 3166. J 117; recoper, A 703; tranchier, A 805. 1347. 1362. 1383. 1561. 1680. 1936. 3028; J 362. 520. 553. 3765; detranchier, J 371. 387; desmembrer, J 2588. 3281. 3354. 3818.

taillier, dessen Ursprung noch nicht ganz klar (v. L *talea*?) ist eigentlich „behauen, zuschneiden", aber auch „zerschneiden" (vom Fleisch A 2286), „schneiden" = scharf schneiden (J 970); coper v. L. *colaphus* (κόλαφος) Faustschlag, Backenstreich, bedeutet eigentlich „niederschlagen", dann „abhauen, abschneiden" schneiden und wird im A und J immer in der Bedeutung „Glieder vom Körper abschneiden, abhauen", gebraucht: coper le chief, la teste, les membres etc.; sein Compos. recoper wird im figürlichen Sinne verwandt:

A 702—03. „Damme", dist il, „bien m'avez enchante
Et mon service et mes dons recopez";

tranchier, von L *trans*? (wie percier aus per, avancier aus avant?), „scharf durchschneiden" (vielleicht stärker als coper); zerschneiden: tranchier le chief, le pis, la forcelle etc. Seine Composita: detranchier und desmembrer = L *de-ex-membrare (*membrum*) eigentlich „entgliedern" bedeuten „zerhauen, in Stücke hauen, zerstückeln":

J 387. Et detranchai jusqu'a quatre destriers.

J 3354. Ansoiz vouldrait toute iestre desmembree.

11. **Zerbrechen** — fraindre, A 221. 378. 939. 2208; J 203. 1052. 1057; brisier, A 378. 463. 939. 1311. 1478. 1650; rompre, A 1487; desrompre, A 462. 1996. J 1053. 1332. 1902; fendre, J 1901. 4018; quasser, J 4059; desquasser, J 1071; descirrer, J 1446. 2188; depecier, J 1332; croissir, J 4018; desmailler, J 1072.

f r a i n d r e = L *frangere*, etwas Hartes, Sprödes, das sich nicht biegen lässt, brechen, auch bildlich:

A 377—78. La veissiez un estor commencier,
       Tant escu f r a i n d r e, tante lance brisier.

A 2208. Qui envers moi ait fraite s'amistie.

b r i s i e r, vom ahd *bristan**) (?), brechen, — etwas zertrümmern, in viele Stücke zerschlagen.

A 939. Li maubre brisie (d'un monstier gaste);

r o m p r e = L *rumpere*, zerreissen, sprengen, etwas Biegsames oder mehrere Theile mit einander Verbindendes:

A 1487. LX mailles li rompi dou hauberc;

d e s r o m p r e = L *de-ex-rumpere, entzwei reissen, auseinander sprengen:

A 462. Je vi Hardre la grant presse desrompre;
im abstrakten Sinne:

A 1996. Lor amistiez fu moult tost desrompue.

f e n d r e = L *findere*, „spalten", nach dem natürlichen Gefüge in Theile trennen; q u a s s e r = L *quassare*, „heftig schütteln, schüttelnd beschädigen, zerschmettern", namentlich spröde Gegenstände; d e s q u a s s e r = L *de-exquassare, „auseinanderbrechen in Folge heftigen Schüttelns, Schlagens etc."; d e s c i r r e r, aus den L Praefixen *de-ex* und a h d. *skërran*, „zerren" (nfrz. déchirer), „zerzerren, zerreissen", besonders von gewebten Stoffen:

J 1446. Se ses drapiaus n'eust si descirrez.

J 2188. Froissent cil mast, et cil voile descirrent;

d e p e c i e r = L *depetiare, „zerstückeln":

J 1331—32. Et nonporquant un mantel ai ici
       Tout depecie, desrompt et desarti;

---

*) nach Schuchardt (Zeitschr. für rom. Phil. 1882, p. 423) keltischen, nicht deutschen Ursprungs.

croissir, vom goth. *kriustan,* mit Krachen, Knacken zerbrechen; desmailler = L **de-exmaculare,* von *macula,* die Maschen (eines Harnisches etc.) zerbrechen, auseinanderreissen.

12. **Verändern** — changier, A 1558, 2642; muer, J 3023.

changier = L **cambiare (cambire),* ist das allgemeinere Wort (v. Lafaye p. 433), und verhält sich zu muer = L *mutare,* wie unser „vertauschen" zu „verändern":

A 1558. La vostre espee a la moie est changie.
J 3023. Quant Jordains l'oit, touz li sans li mua.

Gruppe III.
Verba des Bewegens von Gegenständen.

13. **Ziehen** — traire, A 2622. trainer, J 3285. 4124. 4125; saichier, J 3019.

traire = L *trahere,* allg. „ziehen":

A 2621—22. A la charrete s'ont prins a charroier.
L'uns trait devant l'autres boute derrier;

trainer ebenfalls v. L *trahere* abgeleitet, bed. schleppen, schleifen, nachziehen:

J 4123—25. A un roncin ont Fromont atele,
Si le trainent contreval la cite,
Et son neveu ont aprez trainne;

saichier = L **saccare* v. *saccus,* „Sack"; etwas aus seiner Umhüllung hervorziehen, „das Schwert aus der Scheide ziehen":

J. 3019. L'escu embrace et l'espee saicha.

14. **Werfen** — gieter, A 909. 2336. 2349. 2403. 2899. 3330. 3438; J 312. 1271. 3025. 3564; boter, A 2441, J 3367; lancier, A 2021; J. 2757; aterrer, J 3615. verser; J 3008, 4062; abatre, A 493. 1568. 1580. 2014; craventer, J 1054. 4086.

gieter = L ejectare, werfen, schleudern (cfr. DC. *jactus*), in allg. Bed. sowohl hinauswerfen als auch irgend-wohin werfen, auch bildlich:

A 2336. Quant fors de Blaivies me feistez gietier.
A 3438. Quant me gietastez a duel et a torment,

boter, v. ahd. *bôzen*, schiebend etwas fortbewegen, daher auch „Jemand hinauswerfen":

A 2440—41. Se ne faitez mon palais delivrer,
Vilainnement voz ferai fors bouter;

lancier = L *lanceare* v. *lancea*, „eine Lanze werfen", dann allgemeiner „mit grosser Geschwindigkeit und Wucht werfen":

J 2757. Lancent maint dart et maint espie quarre;

aterrer = L *ad-terrare*, auf die Erde werfen, verser = L *versare (vertere)*, von etwas herabstürzen, = werfen:

J. 3008. Que dou cheval a terre le versa;

abatre = L *ad-batt[u]ere*, „niederschlagen", und craventer = L *crepentare* (?) v. *crepare*, bedeuten „niederwerfen, nie-derschlagen", letzteres mit der Nuance: „mit lautem Geräusch, Getöse niederschmettern".

15. **Aufheben** — lever, A 2885, relever. A 839, 2215, sozlever, A 670. 969, haucier A 1069. 3019. 3027. essaucier, A 2090.

lever = L *levare* „erheben" (als Reflexiv „sich vom Lager erheben"):

A 2985. S'espee lieve, ocirre les voldra.
A 664. A miennit toute seule se lieve;

relever = L *relevare*, „aufheben", dann Refl. „sich er-heben aus der Ohnmacht" (A 2215); sozlever = L *subtus-levare*, „von unten nach oben heben", ohne wesentlichen Unterschied (cfr. A 670 u. A 839); haucier = L *altiare*, v. *altus*, „in die Höhe heben", in feindlicher Absicht seine Hand (A 1069) oder Waffe erheben, um Jemand zu verletzen:

A 3027. Puis vint a l'autre, hauce le brant d'acier.

2

essaucier = L *exaltiare,* „herausheben, erhöhen, stark, mächtig machen" bes. im fig. Sinne gebraucht:

A 2090. Je voz cuidrai servir et essaucier.

16. **Wiederauferstehen** — resusciter A 3246, 2975. 3136. 3137. 3405, resordre A 3350, se redrescier A 2970. 2975. 3136. 3137. 3405.

resusciter = L *re-suscitare,* wieder in die Höhe richten, resordre = L *re-surgere,* wieder aufstehen und se redrescier = L se *redirectiare,* sich wieder aufrichten in gerade Stellung; — werden im gleichen Sinne „vom Tode, aus der Ohnmacht erwachen" gebraucht.

17. **Aufhängen** — pendre, A 763, encroer, A 763.

pendre = *pendere,* hängen, aufhängen, encroer = L *incrocare* (altnord. *krôkr*), „anhaken, an einen Haken, Nagel hängen".

18. **Neigen** — cliner, A 579. 745. 1094; encliner, A 1240. J 3239; baissier, J 3833; abaissier, A 1346. 1357. 1552. 2083.

· cliner = L *clinare* (im Schriftlatein nicht üblich' und sein Comp. encliner = L *inclinare,* „beugen, neigen", sowie baissier = L *bassare (bassus),* „senken" und abaissier = L *ad-bassare,* „hinneigen, hinfallen" — sind im Sinne „den Kopf neigen" gleichwertig; cliner wird auch intransitiv vom Untergehen der Sonne und abaissier wird bildlich gebraucht (A 2083).

19. **Öffnen** — ouvrir, J 1854; deffermer A 3187.

ouvrir = L *aperire,* ist das allgemeine Wort; deffermer = L *de-exfirmare,* „erschliessen", „etwas vorher Festes, Geschlossenes aufmachen".

20. **Schliessen** — fermer, A 365. 2957. 3254; clorre, J 2282; serrer; enserrer, J 3732; barrer, A 2957; verroillier, A 3033.

fermer = L *firmare (firmus),* fest machen, befestigen, eine Thür einfach schliessen, zumachen; clorre = L *clau-*

dere, *clodere*, schliessen, zumachen, mit dem Schlüssel verschliessen:

> J 2282. Adont fait l'escring clorre*)

serrer; enserrer (cfr. den folg. Artikel); barrer =
L * *barrare* v. cymbr. (= celtisch) *bar* = Querbalken, der zum
Verschliessen dient, — und verroillier = L * *veruculare*,
von *veruculum*, nfrz. verrou, Riegel. — bedeuten „verriegeln":

> A 2957. Les huis ferma, si les a bien barrez.
>
> A 3033. Moult par a fait les huis bien verroillier.

21. Binden — liier, J 1315. 4064; serrer, J 4064.

liier = L *ligare*, binden, fesseln; serrer = L *serare*,
(von *sera*, Thürriegel, eigentl. Knüpfband), aneinander-
knüpfen, -schliessen, Gegenstände mit einander fest verbinden
(cfr. sérail):

> J. 4064. Les mains li fait et loier (fesseln) et serrer (zusammen-
> schliessen).

22. Anfüllen — emplir, A 3389, J. 817; raemplir, J 2562; combler, A 2594. 2599; acomplir, A 189. 1634, J 1437.

emplir = L *implere*; raemplir = L * *re-ad-implere*
(wiederholend und verstärkend) — und combler = L *cu-
mulare* (*cumulus*, Haufe) — bedeuten „anfüllen" von Ge-
fässen etc. und sind ohne wesentliche Bedeutungsunterschiede,
während acomplir = L * *ad-complere* hauptsächlich von
der Zeit gebraucht wird:

> J 817. Il en emplist une grant nef d'or mier.
>
> J 2562. Qui sont d'avoir et d'armes raempli.
>
> A 2599. D'or et d'argent la charrete comblee.
>
> J 1437. Bien a set ans acomplis et passez.

23. Beladen — chargier, A 2283, J 3109; trorser, A 2283.

---

*) Der von Laf. für das Nfrz. angegebene Unterschied: „On ferme
proprement une porte ou ce qui a une porte, et, par conséquent, un
objet de peu d'étendue, comme une maison etc. Clore suppose quelque
chose de plus vaste, un terrain, un jardin, un parc, une ville" galt dem-
nach für das Altfranz. noch nicht. .

chargier = L *carricare* von *carrus*, ist nach Lafaye abstrakt und bez.: „beladen" mit der Last, die ein Mensch oder ein Tier für gewöhnlich trägt oder zu tragen im Stande ist; trorser = L *tortiare* (v. *tortus*, Part. v. *torquere*), etwas zusammendrehen, zu einem Packet, einer Last, — ist konkret: „aufgürten", beladen, aufladen.

24. **Versammeln, vereinigen** — assembler, A 330. 1078. 1148. J 128, 1047. 3432; auner, A 529. J. 3928; entremesler, J 3437.

assembler = L *assimulare* v. *simul* ist das allgemeine Wort; auner = L *adunare*, etwas vorher Getrenntes oder Zerstreutes mit einander vereinigen, sodass es zu einem ganzen *(ad-unum)* wird (Truppen etc. vereinigen); entremesler = L *inter-misculare* von miscere, „untereinander vermischen", zu einem bunten Haufen vereinigen:

> J 3437—38. Cent homes vit, qui sont entremesle
> Por la pucelle qui tant avoit biaute.

Gruppe IV.
Verba der Bewegung.

25. **Gehen** — aler, A 3199, J 2695, raler, J 1593; marcher, J 2696; errer, esrer, A 164. J 1206. 1229. 2142. 2576. 2696. 2882. 3199. 4142.

aler = L *vandare* (?), allg. gehen, reisen; sein Comp. raler = L *revandare*, wiederreisen; marcher, vom ahd. *marcha*, Grenze (?), „treten, marschieren", errer, esrer = L *iterare* (iter), „reisen", meist in der Bed. „umherreisen, umherirren, um etwas zu suchen":

> J 4142—43. „Sire", fait il, „longuement ai esre
> Por un messaige que voz ai aporte".

26. **Durchschreiten** — passer, A 203. 484. 2044. 2518; traverser, A 203.

passer = L *passare* von *passus*, „Schritt", „zu Fuss etwas durchmessen, durcheilen", „passiren", „an etwas vorbeikommen, vorübergehen"; t r a v e r s e r = L *transversare* von *transversus* (nfrz. travers „quer"), „quer durch etwas hindurchgehen":

> A 203. Passent les bors et les citez traversent.

27. **Laufen, stürzen** — corre, A 3416. 3417; randonner, A 3416; eslaissier, A 1934. 2015. 3385. 3394; J 1096. 1856. 2638; verser, A 1460. J 1707.

c o r r e = L *currere* ist das allg. Wort; r a n d o n n e r von nicht recht durchsichtiger Etymologie, „mit Aufwendung aller Kraft (randon), mit möglichster Schnelligkeit laufen":

> A 3416—17. De tant com pot et corre et randonner,
> Corrut son pere baisier et acoler;

e s l a i s s i e r = L *ex-laxare* (von *laxus*, locker, weit, geräumig), eig. „erweitern, losmachen, entfesseln"; einer Sache freien Lauf lassen, die Zügel lockern, schiessen lassen, in grösster Eile, ohne sich an etwas zu kehren, irgendwohin stürzen:

> J 1856. Au maistre tref s'en va touz eslaissiez;

v e r s e r = L *versare*, mehr „stürzen" im Sinne von „fallen" (cfr. diesen Art.):

> A 1460. Ainz trebucha et li glouz est versez.

28. **Zögern** — a r r e s t e r, A 204. 334. 1115. 1596. 3126. 3183. 3218. 3413. 3426. 3453; J 1460. 2648; demorer, A 2266. 3280. 3412. 3429, J 2877. 3347. 4071; sejorner, A 464. 582. 2800. J 2916. 2527. 4138; delaier, A 2654, J 2943. 3666. 3774; targier, A 787. 2667. 2986. 3032. 3469; J 3586; atargier, A 422. 957. 2722. 2982. 3298. 3377; J 3595; resnes tirer, A 485; prendre fin, A 1116; prendre arrestement, J 3632; metre terme, J 3628; respiter, A 812; asloingnier, J 2926. 3506. 3797.

a r r e s t e r = L *ad-re-stare* (von *stare*, stehen), bleiben, anhalten; d e m o r e r = L *demorare*, verweilen aufhalten; s e j o r n e r = L *subdiurnare*, bleiben, zögern; d e l a i e r = L *dilatare* von *dilatum* v. *differre* (?) *)*; t a r g i e r = L *tar-

---

*) cfr. Zeitschrift für rom. Phil. Bd. VI, 1882, S. 108 und 109.

dicare von *tardare* (*tardus*, langsam); a t a r g i e r = L * *ad-tardicare;* [r e s n e s t i r e r, die Zügel ziehen, anhalten; p r e n d r e f i n; p r e n d r e a r r e s t e m e n t und m e t r e t e r m e] sind durchweg mit sans oder einer anderen Negation verbunden und dienen promiscue zum Ausdruck einer unterbrechungslos vor sich gehenden Reise; r e s p i t e r = L * *respectare* ist „aufschieben" und a s l o i n g n i e r = L * *adlongare* oder * exlongare? *(longus)*, „hinziehen, ausdehnen, in die Länge ziehen".

29. **Schiffen** — naiger, A 2047. 2631. 2653; sygler, A 2047.

n a i g e r = L *navigare (navem-agere)*, allg. „ein Schiff vorwärts bewegen"; s y g l e r, von unserm „segeln" (altnord. *sigal*, Segel), ein Schiff durch S e g e l vorwärts bewegen.

30. **Sich einschiffen** — s'esquipper, J 2672. 3084. 3295; s'en entrer, J 3141. 3295; s'enpoindre, J 3084; se renpoindre, J 2876; s'embatre (en la mer), J 3301.

s'e s q u i p p e r, vom ahd. *skif*, „Schiff", sich einschiffen (cfr. Art. „ausrüsten"); s'e n e n t r e r = L *intrare*, eintreten ins Meer; s'e n p o i n d r e = L * *se-impungere*, „hineinstechen", mit dem scharfen Kiel in die Meereswogen eindringen; se r e n p o i n d r e = L * *se reinpungere*, wieder einschiffen; s'e m b a t r e (en la mer) = L * *se inbatt(u)ere*, „hineinschlagen", den Kiel in die Wogen hineinstossen, = schlagen.

31. **Aufbrechen** — partir, A 3296, J 987. 1145. 1683. 2943. 2947. 4217; departir, A 115. 244. 644. 1595. J 1729; se movoir, A 826. 1722. 3282. 3470; J 3064; s'esmovoir, J 986; se lever, J 1361; s' avoier, J 3667; s'acheminer, J 2964; s'arouter, J 2821.

p a r t i r = L * *partire* für *partiri*, teilen und d e p a r t i r = L * *departiri* — meist und wohlbegründet mit se verbunden: „sich teilen, sich trennen, aufbrechen"; se m o v o i r = L *se mo-vere* und s'e s m o v o i r = L * *se exmovere*, sich in Bewegung setzen, aufbrechen; s e l e v e r = L *se levare*, sich erheben, aufmachen.

Während die bisherigen „aufbrechen" in allgemeiner Bedeutung bezeichnen, haben die folgenden den engeren Sinn „sich auf den Weg machen".

s'avoier = L *se ad-viare (via, Weg, Landstrasse, durch Menschen angelegt); s'acheminer = L *se ad-caminare (caminus, Feueresse, Weg des Feuers, dann Weg überhaupt) und s'arouter = L* se adruptare (via „rupta", ein durch Wald, Hügel etc. gebrochener Weg) — lassen ihrer engen Bedeutung wegen keine wesentlichen Unterschiede zu.

32. **Verlassen** — guerpir, A 45. 2141; J 130. 641. 2485. 2849. 3158. 3327. 4007; deguerpir, A 925; laisser, J 3141; delivrer, A 2440; issir, A 218. 355. 368. 483. 583. 1117. 1124. 1305. 1429. 3130. 3472; J 305. 599. 798 957. 961. 962. 2485. 3258. 3595. 4011; sortir, J 322; abandonner, A 460. 2952, J 921. 2231. 2239. 2414. 3368. 3384. 3939. 4210; faillir, J 2515.

guerpir, goth. vairpan, ahd. werfan, — „werfen, wegwerfen, verlassen, überlassen":

A 45. En icel jor a guerpie sa terre.

Das Compositum deguerpir, sonst gleichbedeutend mit dem Simplex, ist in A und J besonders: „verlassen, ablegen von Kleidungsstücken":

A 925. L'auberc ne l'iaume n'a il pas degerpi.

laisser = L laxare, eig. „lockern, los lassen", daher die Bedeutung „verlassen".

J 3141. En mer s'en entrent, si laissent la contree.

delivrer = L de-liberare, (etwas räumen, etwas von seiner Anwesenheit) befreien:

A 2440—41. „Se ne me faitez mon palais delivrer,
   Vilainnement voz ferai fors bouter."

Ebenfalls lokal und ohne allen Nebensinn, jedoch mehr in der Bedeutung „herausgehen, ausgehen" werden gebraucht: issir = L ex-ire, — Des nes issirent J 3595 etc. — und sortir = L *sortire f. sortiri, zunächst vom Herausspringen des Looses aus der Urne gebraucht, dann allg. „aus einem Raume heraustreten".

Während alle diese nur ein räumliches Verlassen bedeuten, bezeichnen: abandonner = L *ad-bandon-are

v. a. *bandon*, „nach freiem Willen, frei" (cfr. A 158. 218.
630. 641. 1200. 1209. 1678. 1831. 2730. 2817. 3481.
3485. 3489) gebildet, dies von *ban* = ML *bannum, bandum*,
(bestes a bandon, Tiere ohne Aufsicht, um die sich niemand
kümmert) — und faillir = L *fallire (fallere*, täuschen,
trüglich im Stich lassen), verlassen, sowohl im Sinne
„weggehen", als auch „überlassen, im Stiche lassen, preis-
geben":

> J 3367—68. Qu' a un bordel sera mise et boutee;
> Lors si sera a touz abandonnee.
> J 2515. Ne me faudront por a perdre les testes.

33. **Wenden** — torner, A 178. 403. 523. 2255. 2304.
2606. 2724. 2989; J 1059; vertir, A 2576; s'en destordre,
A 2298.

torner = L *tornare*, „drechseln", „runden", drehen,
wenden:

> A 178. Vers lui se torne.

vertir = L *vertire* f. *vertere*, drehen, wenden, hin-
wenden; s'en destordre = L *se-inde-de-ex-torquere*,
sich wegwenden, meist verächtlich.

34. **Nähern** — aprocher, A 579. 685. 970. 1584. 2332.
2502; J 674. 3452; s'approcher, A 669; avanser, J 3001;
s'avanser, A 681.

aprocher = L *appropicare* von *propior*, — „n'ex-
prime que le fait du rapprochement par l'abréviation et la
diminuation de la distance: ce qui est loin, approche;
s'approcher désigne non le simple fait d'une plus grande
proximité, mais surtout l'action par laquelle ce fait est
produit c'est-à-dire l'action de franchir l'espace intermédiaire,
sa manière, sa durée, sa difficulté". (Lafaye.)

> A 579. 970. 1584. Li vespres aproche.
> A 669. Au lit le conte s'i est tost approchie.

Ebenso verhalten sich avanser = L *abantiare* (?)
und s'avanser, indem ersteres das blosse Geschehen,
letzteres aber die Art und Weise des Geschehens bezeichnet. Der Unterschied von approcher und avanser ist augen-
fällig: approcher bezeichnet ein „Näherkommen" (= de-

venir proche), avanser ein „Vorwärtsgehen" (= aller en avant).

35. **Gelangen, erreichen** — jouster, J 3001. 4056; assener, J 1176. 2734. 2885. 3154 3431; attaindre, J 2771; consevre, J 2846.

jouster = L *juxtare* von *juxta*, — „neben" jemand kommen, zu ihm gelangen; assener, unklaren Ursprungs = L *adsignare**)? oder von ahd. *senno*, Verstand**)? — (cfr. DC. *assennatio*), sich richten nach, irgendwo anlangen; attaindre = L attingere *(ad-tangere)* „anrühren", berühren, feindlich berühren, erreichen; consevre = L **consequere* f. *consequi*, unmittelbar nachfolgen, nachfolgend erreichen, einholen.

36. **Zurückkehren** — torner, J 2266; retorner, A 79. 102. 585. 679. 850. 1230. 1697. 1699. 1706. 1709. 1861. 1896. 1900. 2039. 2056. 2225. 2289. 2574. 2812. 2863. 3291. 3455. 3478. 3486. 3493; J 1125. 1381. 1880. 4072; revertir, A 1430; revenir, A 1327. 1785. 3371. 3375. 3402; J 841. 1679; repairier, A 385. 387. 393. 438. 589. 952. 1645. 1734; J 850. 1015. 1020. 1368. 1417. 1735. 1850. 2936. 3584. 3657.

torner = L *tornare* (v. *tornus*) drehen, umdrehen):

J 2266. Huimais devons a la damme torner;

retorner = L **retornare*, wiederumwenden:

A 79. Au conte Amile devommez retorner;

revertir = L **revertire* f. *reverti*, bezeichnen „umwenden, um zurückzukehren", also den Anfang des Zurückkehrens, während revenir = *revenire*, zurückkommen, — und repairier = L *repatriare*, „ins Vaterland zurückkehren", — die Vollendung der Rückkehr ausdrücken.

37. **Hinabsteigen** — descendre, A 2479. 3113. 3299. 3301. 3414. 3425. 3430; avaler, A 2259. 2445. 2704. 2726. 3059; J 333. 1385.

---

*) cfr. Zeitschr. für rom. Phil. Bd. VI 1882, pag. 424
**) cfr. Zeitschr. für rom. Phil. Bd. VII 1883, pag. 480.

descendre = L *descendere (de-scandere)*, hinabsteigen,
sowohl buchstäblich (Treppen, Hügel etc.) als auch figürlich
(= abstammen); avaler, von aval = L *ad vallem*, vom Berg
zu Thal, — hinabsteigen, herablassen; ist nur lokal: avaler
dedans la chartre J 333, — la cuve A 3059, sonst immer
— les degrez:

38. **Fallen** — chaoir, A 182. 412. 886. 1213. 1481.
1531. 1542. 1577. 2342. 2563. 2969. 2974. 3075. 3403.
J 702. 858. 1005. 1147; verser, A 379, 1460; J 210. 661;
trebucher, A 222. 379. 1460. 1482. 1681. 2114. J 210. 248.
1058. 1931. 3010.

chaoir = L *cadere*, allgemein „fallen"; verser
= L *versare*, Freq. von *vertere*, „drehen, wenden, umstürzen",
ist ursprünglich transitiv; trebucher, aus *trans* und dem
ahd. *bûh*, „Bauch"; über etwas hin (*trans*) fallen, „straucheln"
— findet sich mit verser meist in tautologischer Verbindung: „straucheln" und „stürzen":

J 208 und 10. La veissiez un estor si mortel,
L'un mort sor l'autre trebucher et verser.

39. **Wogen, rauschen,** (vom Meer) — trourbler, J 2146;
floter, J 2146; bruire, J 2159; engrossier, J 2166.

trourbler = L **turbulare* (turbula) und floter = L
fluctuare (von *fluctus*, Woge), wellenförmig bewegen, heftigen
Wellenschlag erregen (cfr. Diez, Wörterbuch I, 280) —
sind transitiv:

J 2146. Ez voz un vent qui la mer trourble et flote.
(ein Wind, der das Meer erregt und wogen macht); bruire
= L *rugire* (verstärkt durch ein prosthetisches b), —
brausen, rauschen, daherstürmen; engrossier = L **in-
grossare (grossus)*, „wachsen", grösser werden, vergrössern,
vom wallenden, Sturm gepeitschten Meer gebraucht, das sich
durch das Auswerfen, Hervorschleudern gewaltiger Wellen
gleichsam ausdehnt, wächst.

C. Das individuelle Leben.

a) Das physische Leben.

Gruppe V.

Verba des körperlichen Allgemeinbefindens.

40. **Leiden, Dulden** — souffrir, A 2024. 2876. 3145. 3348. 3356. J 480. 1527; endurer, A 2024. 3269; J 1527; dolouser, J 1406. 3188.

s o u f f r i r, L *sufferire* für *sufferre*, eigentlich „untentragen", sich einer Sache unterziehen, etwas Übles ertragen; — ist das allgemeine Wort für „leiden, erleiden, sich passiv verhalten", drückt aber mehr als endurer das E m p f i n d e n d e s L e i d e n s aus; e n d u r e r, = L *indurare*, „hart machen, härten, stählen", übernahm später auch die intransitive Bedeutung „ausdauern, aushalten" und bedeutet „aushalten", ruhig, geduldig im Ertragen eines Leides ausharren:

A 3355.   Toz sui garis de la grant maladie
          Dont jai souffert tante male haschie.

A 3268—69.   Moult par ont bien lor labors emploie
             Le mal qu'il orent por Ami endure;

d o l o u s e r = L *dolorare*(?), ist ein vorübergehendes „Schmerz empfinden", verursacht durch ein bestimmtes, Jem. widerfahrenes Leid:

J 3187—88   Quant elle treuve la pucelle plorant,
            Si la demande; „Por quoi dolousez tant?"

41. **Genesen** — respasser, A 2790. 2808. 3266; resvigourer, A 2949. J 3903.

r e s p a s s e r = L *re-ex-passare (passus)* wieder „heranschreiten" zur Gesundheit, nach und nach wieder gesunden; r e s v i g o u r e r, v. L *re-ex-vigorare* v. *vigor (vigere)*, „die Lebenskraft wieder erlangen."

A 2949.   De mes dous fiz seras resvigourez.

Gruppe VI.

Verba der Leibespflege.

α) der Ernährung:

42. **Ernähren, aufziehen** — norrir, J 84. 579. 1589. 2246; amaisnier, J 84; alever, J 2246.

norrir, = L *nutrire*, „säugen"; jemand ernähren durch Speise und Trank, „aufziehen" nur insofern die Existenz gefristet wird; amaisnier = L *admansionare* (v. *manere*, bleiben), setzt hinzu, dass Jemand ausser der leiblichen Nahrung auch Obdach *(mansionem)* erhält, dass er im Hause des Ernährers aufwächst, aufgezogen wird; alever = L *adlevare*, eigentlich „emporheben, aufziehen", — entspricht unserm „erziehen", jemand aufziehen, indem man sowohl für das leibliche als auch für das geistige Wohl Sorge trägt.

43. **Essen** — mengier, A 1081. 1156. 1334. 1602. 1604. 1606. 1754. 2088. 2265. 2287. 2311. 2343. 2613. 2652. 2657. 2695. 3249. 3255. 3258. 3261. 3312. 3317. 3335. 3372; J 4135; cener, A 1290; disner, A 2265. 3321. J 4137; souper, A. 1083. 1142. 1153. 1601.

mengier = L *manducare* von *mandere*, kauen, essen; — ist das allgemeine Wort; cener = L *coenare (coena)*, „speisen", ist seltener als mengier und meist poetisch:

A 1290—91. O vos apostres cenastez (Jesus) liemant
Enz ens desers, ou jeunerent tant.

disner = L *deescinare*[*])? oder = L *discinare (discus)*[**])? — „zu Mittag essen"; souper, vom niederd. *sûpen*, saufen (schwed. *supa*) — „Suppe" (Fleischbrühe, mit hineingeschnittenen Brodstücken, das im Mittelalter gewöhnliche Abendessen); essen, zu Abend essen.

44. **Sättigen** — estanchier, A 3366; saouler, A 3418.

estanchier, von noch zweifelhafter Etymologie, = L

[*]) Rönsch, Zeitschr. für rom. Phil. Bd. II 1878, pag. 419.
[**]) Suchier, ib. pag. 429.

exemptiare „der Wirksamkeit entheben, ausser Thätigkeit setzen, befriedigen, Genüge thun", oder v. *stantiare* „zum Stehen bringen", oder ob an *extinguere* zu denken ist? (cfr. Gött. gel. Anz. 1877 st. 51):

> A 3366. L'ostes le baise, ne s'en pot estanchier;

s a o u l e r = L * *satullare (satur)*, „genug" bekommen, sättigen:

> A 3417—18. Corrut son pere baisier et acoler
> Et Amis lui, ne s'en pot saouler.

Beide also im figürlichen Sinne gebraucht.

β) der Heilung:

45. **Heilen** — saner, A 2792. 2861. 3049; medecinner, A 2862; garir, A 2808. 2810. 2998. 3081. 3087. 3147. 3355.

s a n e r = L *sanare (sanus)*, „gesund machen, heilen":

> A 2792. Que n'est nus mires qui me poist saner;

m e d e c i n n e r = L * *medicinare*, „durch Arzneimittel heilen":

> A 2861—62. Se voz volez, bien me poez saner
> Et le mien cors tres bien medecinner;

g a r i r, vom goth. *varjan*, ahd. *werjan*, eine Krankheit abwehren, zurückdrängen:

> A 3087. Quant Amis fuet garis et haitiez.

γ) der Kleidung:

46. **Anziehen** — vestir, A 212. 233. 625. 725. 772. 843. 897. 1031. 1054. 1453. 1642. 1919. 2072. 2321. 2329. 2423. 3096. 3102. 3107. 3220. 3424. 3425. J 1745; revestir, J 1326; atirier, A 3097. 3099; endosser, J 3960; affumbler, A 2155; lacer, A 212; chaucer, A 233. 725. 2321. 2329. 2423; J 541.

v e s t i r = L *vestire*, ankleiden; r e v e s t i r = L *revestire*, wieder bekleiden; a t i r i e r, von goth. *tairan*, ahd. *zeran*, „anziehen", ordnen, rüsten; e n d o s s e r, aus *in* und *dorsum* (der Rücken, horizontal gedacht, also der Tiere), eigentlich etwas (eine Decke etc.) auf den Rücken (der Tiere) legen, dann allgemein „anziehen", „anlegen".

Die folgenden haben eine eingeschränktere Bedeutung: a f f u m b l e r = L * *affibulare*; einen Mantel, der vermittelst einer Fibula (Spange, Schnalle) befestigt wird, zuschnallen, anlegen; l a c e r = L * *laqueare (laqueus)*, bezieht sich hauptsächlich auf den Helm, den man durch „Zuschnüren" befestigt:

A 212. Vestent haubers, lacent elmes reons;

chaucer = *calceare (calx,* Ferse), beschuhen, mit Schuhen versehen. Stets mit vestir tautologisch verknüpft:

A 233. Vostre empereres s'est vestus et chauciez

47. Ausziehen — despoiller, A 935, J. 1225; degerpir. A 925; oster, A 1031. 1054; toldre, A 1161.

despoiller = L *dis-spoliare (spolium),* degerpir, = L *de-werpire,* von ahd. *werfân,* „verlassen", „die Kleider verlassen", oster = L *haustare,* Freq. von *haurire,* schöpfen, leeren, entleeren — und toldre = L *tollere,* wegnehmen, entfernen, — bedeuten „ausziehen" von Kleidern (besonders *oster* und *toldre)* und Rüstung (besonders *despoiller* und *degerpir):*

A 925.   L'auberc ne l'iaume n'a il pas despoillie,
A 935.   L'auberc ne l'iaume n'a il pas degerpi.
A 1054.   Ostez vos dras, et les miens vestirez.
A 1161—62. Et Lubias a les siens dras tolus
           Delez le conte s'a couchie nu a nu.

48. Schmücken — parer, A 3424. J 679, 3963; acesmer, J 4158; gemmer, J 3922.

parer = L *parare,* „zubereiten, zurechtmachen, schmücken"; acesmer, nach Schuchardt (Jahrb. XII. 114) von *cima* „Gipfel, Höchstes einer Sache" *(cimare* „abstutzen"), eigentlich durch „Abstutzen", Beschneiden etwas verschönern, üblich in Verbindungen wie „au gent cors acesme" (J 4158); gemmer, nur im Part. Pass. gebraucht, „mit Edelsteinen schmücken":

J 3922. elmes gemmez.

δ) der Rüstung:

49 Ausrüsten — conraer, A 99. 898. 1071. 1140. 2030. 2035. 2470. 3220. 3317; J 775. 1375; appareillier, A 259. 3300. 3314. J 598. 1369. 1798. 1809. 2918; apprester, A 205. 836. 1242. 1602. 2162. 2446. 3249. 3312. 3588. 3919. 3943. 3969. 4135. 4154; atorner, A 2593. 3285; J 1153. 1171. 1205; esquipper J 3295; garnir, A 2030. 2035.

3358; J 775. 3584. 3588. 3601. 3836; — armer, A 364.
790. 893. 1443. 1654. 1664. 1850. J 1744 1794. 2730. 3747.
3926; adouber, A 37, 173. 211. 1444. 1452. 1842. 1857.
3267. 3460; J 191. 1646. 2968. 3921. 3959; radouber,
J 3972; fervestir, A 1443; J 2730. 2739; haubergier,
J 3747.

conraer, aus *cum* und dem goth. *raidjan* (Ge-räth),
allgemein „bereit-, zurechtmachen"; appareillier hängt
mit L *ad-parare* zusammen und bezeichnet vollständig be-
reiten, zurechtmachen, sodass nichts mehr fehlt:

A 3315. „Venez laver, tout est *appareillie*."

aprester = L *ad-praestare, hebt hervor, dass das Ausrüsten in vorzüglicher, vollkommener Weise geschieht;
atorner = L *ad-tornare, eigentlich „zudrechseln" bezeichnet „ausstatten, zurecht machen, behaglich herrichten":

A 2592—94. Une charette ont li serf achatee,
Trois sols en donnent, moult l'ont bien *atornee*
Et de fresche herbe et joinchie et comblee.

esquipper, vom ahd. *skip* „Schiff", einschiffen (cfr. diesen
Art.), „ein Schiff zur Fahrt rüsten, mit allem versehen",
später auch von anderen Gegenständen; garnir, vom ahd.
warnôn („warnen") hauptsächlich „rüsten, ausrüsten zu
Vertheidigungszwecken", von Städten A 3358, J 3584. 3836,
von Schiffen J 3588, von „France" J 3601, an den anderen
oben angeführten Belegstellen von Menschen, Kriegern.

Während die bisherigen Worte die allgemeine Bedeutung „rüsten, ausrüsten" haben, bezeichnen die folgenden
mehr „waffnen, bewaffnen" von Kriegern; armer =
L *armare, von *arma*, hat ganz allgemeine Bedeutung;
adouber = L *adobare, (v. DC. s. v.) von ags. *dubban*,
„einen Schlag geben" bezeichnete zuerst „zum Ritter
schlagen", dann die bei der Ausrüstung zum Ritter übliche
Ceremonie und endlich „waffnen, bewaffnen" überhaupt;
radouber = *re-adobare, wieder bewaffnen; fervestir
= L *ferro-vestire, aus *ferrum* und *vestire* gebildet, eigentlich „in Eisen kleiden", „harnischen"; stets mit armer in

tautologischer Verknüpfung; hausbergier = L *hals-
bergiare (den Hals bergen), „den Halsberg, Harnisch anlegen".

ε) der Bestattung:

50. **Begraben** — enterrer, A 3165, J 1144; enfoir,
J 1129.

enterrer = L *in-terra-re, „beerdigen", enfoir =
L *infodire für infodere, „eingraben".

---

b) Das psychische Leben.

Gruppe VII.

Verba der Sinnesthätigkeit
(der psycho-physischen Sphäre).

51. **Hören** — ouir, A 11. 38. 104. 109. 228. 364.
460. 684. 705. 853. 1110. 1130. 1276. 1702. 2126. 2194.
2323. 2346. 2628. 2642. 2697. 2753. 2846 3016. 3017. 3361.
3451. J 941. 3834; entendre, A 1. 161. 411 578. 696. 806.
1093. 1102. 1409. 1415. 1466. 1588. 1675. 1955. 2081. 2270.
2292. 2363. 2429. 2442. 2459. 2516. 2620. 2638. 2695. 2846;
J 44. 2221. 3830. 3885. 3920. 4149; escouter, A 322. 986.
1008. 1687. 2246. 2555. 2799. 3204; J 919. 1380. 3614.
3953.

ouir = L audire, hat den allgemeinen Sinn: „hören"
= „durch den Gehörsinn wahrnehmen" (altfrz. noch ganz
gebräuchlich); entendre = L intendere, setzt voraus, dass
wir auch den Sinn, die Bedeutung eines Geräusches oder
gesprochenen Wortes verstehen; escouter = L auscultare,
auf Jemand oder etwas hören, aufmerksam zuhören, horchen,
lauschen. „D'ordinaire écouter est la condition ou le moyen
d'entendre". (Lafaye.)

52. **Sehen** — veoir, A 409. 554. 1451. 2064. 2431.
2640. 2803. 2816. 3227. 3272; garder, A 2252. 2271. 2684.

2690. J 1183. 1219. 2873; esgarder, A 649. 653. 775. 1015.
1451. 1686. 2064. 3118. 3323; regarder, A 993. 1341. 1903.
2229. 2284. 2367. 2374. 2383. 2525. 2967. 2984.; J 882.
1232. 1502. 3032; espiier, J 2873.

v e o i r = L *videre,* „mit dem Gesichtssinn wahrnehmen",
also allg. „sehen, erblicken", was zufällig in den Bereich
unseres Auges fällt; — ist passivisch und unfreiwillig. Die
folgenden deuten eine Anstrengung, etwas zu sehen, an;
g a r d e r , vom ahd *wartên,* ausschauen von der „Wart",
„Ausschau halten, Acht haben":

> A 2252. Devant lui garde, si a choisi un fust.

e s g a r d e r , aus L *ex* und *wartên,* „schauen, betrachten, prüfen,
ansehen":

> J 1448. Dist la pucelle: „je l'ai moult esgarde".

r e g a r d e r , aus *re* und *wartên,* „ansehen, hinblicken, hin-
sehen, zusehen"; es lag in *regarder* nicht (wie Lehmann meint)
der Begriff des Wartens, Spähens ausgedrückt. „On v o i t
un objet qui fait sensation sur l'œil, on regarde celui sur
lequel on dirige ou on fixe ses yeux à dessein" (Lafaye);
e s p i i e r , vom ahd. *spehôn, spiohon,* „spähen", ausspähen,
— ist stärker als *garder* und seine Composita.

53. Bemerken (das Wahrnehmen, Erfassen der Dinge,
auf die unsere Augen geheftet sind) — veoir, A 1779. 2235;
choisir, A 2252, J 2275. 2316. 2445; percevoir, J 1193;
(s')apercevoir, A 2256; (se) garder (de), J 3098.

Das Verhältnis von v e o i r zu den folgenden ist ganz
analog seiner Stellung in der vorhergehenden Nummer; es
bezeichnet einfach das Erfassen, Bemerken von Gegenständen, welche zufällig in unsern Sehkreis fallen, die folgenden dagegen meist das Resultat eines scharfen, ange-
strengten, beabsichtigten Ausschauens, Ausspähens; c h o i s i r ,
vom goth. *kiusan* (unser „kiesen, küren"), prüft das sich
von fern den Augen Darbietende, bezeichnet also ein Bemerken von Weitem, das nicht recht klar und deut-
lich ist:

> A 2252. Devant lui garde, si a choisi un fust;

3

p e r c e o v i r = L *percipere (per-capere)*, ist ebenfalls ein un-
vollkommenes Erkennen, ein flüchtiges Gewahrwerden;
(s')a p e r c e v o i r = L * *ad-per-capere*, ist ein vollkomme-
neres, genaueres Wahrnehmen, bemerken = erkennen; (se)
g a r d e r, vom ahd. *wartên*, bemerken, wahrnehmen, sich
einer Sache bewusst werden;

J 3098. Mais la pucelle de ce ne se gardoit.

Gruppe VIII.

Verba der intellektuellen Thätigkeit.

54. **Denken, sinnen** — panser, A 454. 455. 2121. 2708.
2994; apanser, J 233. 1258; porpanser, A 2924, J 3102.

p a n s e r = L *pensare*, Freq. von *pendere*, wägen, —
ist „erwägen, denken, nachdenken".

Seine Composita:

a p a n s e r = L * *ad-pensare*, bedenken, überlegen, ersinnen:

J 1258. Il s'apansa d'une voisdie grant;

und insbesondere p o r p a n s e r = L * *perpensare*, „durchden-
ken" — bezeichnet ein schärferes, tieferes Nachdenken,
Ueberlegen. (Wie L *pendere* resp. *pensare* im Franz. zu
der Bedeutung „denken" gekommen ist, erhellt bes. aus A
2917—28).

55. **Glauben** — croire, A 1280. 3071; cuider, A 757.
822. 1163. 2081. 2090. 2097. 2468. 2642. 2666. 3396.

c r o i r e = L *credere*, eig. „trauen, vertrauen, einer
Sache überzeugt, gewiss sein, etwas fest glauben".

A 3071—72. Moult puet bien croire que il est ses amis,
Quant ses douz fils a si por lui ocis;

c u i d e r = L *cogitare*, glauben, vermeinen, dass etwas geschieht, womit das Gefühl der Furcht oder Hoffnung ver-

bunden ist (mit einer einzigen Ausnahme [A 3396]), deshalb stets mit folg. Infin.:

A 757.   Hardre l'entent, le sens cuida desver.

56. Unterscheiden — triier, A 3100; dessevrer, A. 3105. 3343.

t r i i e r = L * *tritare*, freq. von *terere (granum terere,* Korn ausdreschen), also eig. „zerreiben", die verschiedenen Bestandteile, aus denen ein Ding besteht, von einander scheiden, woher die allg. Bedeutung „unterscheiden"; d e s - s e v r e r = L * *dis-separare*, „auseinandertrennen". — Beide werden in ganz gleicher Bedeutung gebraucht, cf. A 3098—3106.

57. Suchen — querre, A 60. 75. 101. 819. 825. 852. 900. 943. 1636. 2306. 2399. 2419. 2615. 2729. 3458. 3473; J 150. 354. 504. 2440. 2453. 3466. 3707. 4182; requerre, A 803. 1209. 1286; J 115. 1529. 1722; enquerre, A. 3304; porquerre, A 2891; J 236; chercher, A 2958; J 2956; en- cherchier, A 3304. 3309; J 3755; demander, J 2440. 2453.

q u e r r e = L *quaerere*, allg. „zu finden, zu erwerben, zu erfahren suchen". Die Comp.: r e q u e r r e = L * *re-q u a e - rere*, „wiedersuchen", „aufsuchen"; e n q u e r r e = L *in- -quaerere*, eine Sache eindringend untersuchen, erforschen ; p o r q u e r r e = L *perquirere*, „durchsuchen, eifrig aufsuchen"; c h e r c h i e r = L * *circare*, um sich herumsehen, Umschau halten, suchen, an den beiden Belegstellen „durchsuchen":

A 2958—59.   Les chambres cherche environ de toz lez
                   Que aucuns hom ne fust laienz remez.

J 2955.   Le pais cherche comme homme esgarez.

e n c h e r c h i e r = L * *in-circare*, aufmerksam, forschend suchen, erforschen ; d e m a n d e r = L *demandare*, verlangend, fragend suchen:

J 2440.   „Oriabel, que je quier et demant."

Gruppe IX.

Verba der Gefühlsthätigkeit.

α) Der Gemütsbewegung.

58. **Sich erfreuen** — s'esjoir, A 1113. 1120. 1343.
1355; J. 495. 566; s'esbanoier, A 2523; J 63. 1416. 1542.
1548. 2110; estre esbaudi, A 1335; s'esbatre, J 1358; se deporter, J 1393. 1405; deduire, A 3428; gaber, A 499. 2005;
delitier, A 499. 2005.

s'esjoir = L *ex-gaudere*, ist wie *joie* subjektiv und hängt
von dem individuellen Seelenzustande und Charakter ab.
Die übrigen sind objectiv; s'esbanoier, mit „ban" zusammen-
hängend, „sich aus dem Bann thun"; — „sich ergötzen, be-
lustigen", durch Vergnügungen, Feste, Spiele etc.:

A 2523. Qui s'esbanoient as tables et as des;

(cfr. Rol. O. Vers 111); esbaudi(r), vom goth. *baltha*, ahd.
bald; esbatre, = L *exbat(u)ere*; deporter = L *depor-
tare* — und deduire = L *deducere*, sind im wesentlichen
gleichbedeutend: „sich durch Feste, Spiele vergnügen, die
Zeit vertreiben, sich erholen von den Mühen und Sorgen
des Tages". Die Folgenden bedeuten an den Belegstellen
„sich erfreuen, ergötzen durch sinnlichen, geschlechtlichen
Genuss". Gaber, vom nord. *gabb* „Verspottung", *gabba*
„täuschen, anführen, Scherz treiben mit jemand"; delitier
= L *delectare* (deliciae) „sich ergötzen". Beide immer tautologisch verknüpft:

A 2004—5: Le soir se jut li dus lez sa moillier;
Quant gabe orent et assez delitie;

(cfr. A. 498 f.).

59. **Fürchten** — craindre, A 1528; J 159; douter A
1528; J 2564. 2740. 3227. 3612. 3620. 3945; redouter,
A 927. 936; J 159. 1470. 1948. 2906. 2976.

craindre = L *tremere*, zittern; — ist das allgemeine
(und gebräuchliche) Wort; douter = L *dubitare*, eigentlich
„zweifeln", zurückbeben vor etwas, das einem zweifelhaft,

nicht geheuer erscheint, „stark, heftig fürchten"; redouter
= L *redubitare, drückt ein noch stärkeres Fürchten aus.

60. **Erschrecken** (sich stark, heftig fürchten) — estre
espoante, A 2278. 3045; J 2984. 3215. 4081; estre esbai,
A 3133; J 1724. 2234. 2848; estre esmarri, A 1576. J 3260;
estre effraie, A 719. 729. 1166. 1168. 2563. 2795. 2850. 2905.
3193; J 198. 2741. 3920; s'esmaier, A 1366. 1633. 1637.
2676. 2906; J 505. 887. 996. 1342. 1421. 1628. 3457; estre esperdu, A 1983. 2972. 3041; estre desconfortez, J 2949.

s'espoanter = L *se expaventare von expavere, „sich
entsetzen", — zeigt die Tendenz, einer drohenden Gefahr
durch die Flucht auszuweichen:

J 4081—82. Cil de dedens sont moult espoante,
Qu'il voient bien, n'i ot nul recouvrez.

Die übrigen bezeichnen den Zustand, in den die Seele durch
heftigen Schreck versetzt wird (Laf.); esbai(r), gebildet aus
Lat. ex und der Intrejection „ba", ist „erschrecken" mehr im
Sinne „auf's höchste erstaunen", durch einen plötzlichen
Anblick, eine unerwartete Nachricht, die gar nicht unan-
genehm zu sein brauchen:

A 3133—35. Se esbahi, n'en soiez merveillant,
Toute pasmee a la terre s'estant
De la merveille que elle voit si grant

(dass die Kinder wiederauferstanden sind); esmarri(r), vom
goth. *marzjan*, ahd. *marrjan* = *impedire, scandalizare, irri-
tum facere*, „sich betrüben, erstaunen, erschrecken":

J 3260. Que el l'entent, moult par fu esmarrie;

effraie(r), nach Förster*) = L *ex-frid-are (v. fridu „Friede")
eig. „aus seiner Ruhe stören"; — es bezeichnet ein vorübergehendes Erschrecken vor einer Sache, die einem plötzlich, unerwartet entgegentritt:

A 719. „Ne soiez effraez!"

(s')esmaier, aus L ex und dem goth. *magan* „mögen"; — „vor
Schrecken die Kraft verlieren", sich vor etwas so „entsetzen",
dass einem die Besinnung und die Fähigkeit des Gebrauchs

---

*) Zeitschr. für rom. Phil. 1882, pag. 109.

seiner Glieder geraubt wird, bezeichnet wie s'effraier ein starkes, plötzliches aber vorübergehendes Erschrecken:

A 1633. „Ne t'esmaier!"

A 2676 „Le voz esmaiez si!"

Auch estre esperdu = L * *ex-perdutus* (* *ex-perdere*), „zu Grunde gerichtet sein, auf's heftigste erschrecken, vor Schreck seine Besinnung verlieren", — drückt zwar einen sehr starken aber nicht andauernden Schrecken aus; estre des-confortez = L * *dis-con-fortatus*, entmutigt, verzagt, der Hoffnung beraubt sein, — bezeichnet einen dauernden Seelenzustand, eine anhaltendere Erschütterung des Gemüts:

J. 2949—50. Mais de c'est il auques desconfortez,
Que il est si en estranges regnes.

61. Rasend werden — desver, A 757. 822. 1466. 2270; J 521. 527. 751. 2427. 2539. 4041; enraigier, A 780. 1132; J 384. 525. 527. 1116. 1682. 2392; s'esperdre, J 2478.

desver, von noch nicht ganz klarer Herkunft [das Partic. *desve* lässt nach Diez vorangegangenes *desipit (desipio)* vermuten — oder = L* *desaevare (saevus)*?*)], „ausser sich geraten, toll werden". In A immer in der Verbindung „le sens cuide desver". In J meist: „par un poi qu'il ne desve"; enraigier = L * *in-rabiare* (rabies), „in Tollheit, Raserei geraten, rasend werden vor Zorn":

A 780. A poi d'ire n'enraige.

(s)esperdre, = L * *ex-perdere*, „sich vor etwas aufs Höchste entsetzen, so dass man die Besinnung, die Fähigkeit zu denken verliert" (cfr. vor. Art.).

β. Der Aeusserung der Gemütsbewegung.

62. Seufzen, Wehklagen — souzpirer, J 942. 1520. 2311. 3419; gramoier, J 1570; gaimenter, J 215. 1296; deplaindre, J 1544; desmenter, J 1685. 2795. 2802. 2806. 2961. 3178. 3380. 4194.

---

*) cfr. Zeitschr. für rom. Phil. 1881. 177 u. 178.

souzpirer = L *subtus-spirare,* tief Athem holen, tief aufathmen, seufzen, unartikuliert und als unwillkürliche Folge eines beklommenen Herzens:

J 942. Plore des iex, parfondement souzpire;

gramoier = von unserm „*Gram*", sich grämen, seinem Gram, Kummer durch Worte Ausdruck geben:

J 1570. Oriabiax oit Jordain gramoier;

gaimenter, vielleicht eine Umbildung von la(i)mentare in Anlehnung an die Interjection *guai,* „wehklagen, seufzen, stöhnen":

J 1296. Si com Jordains se gaimentoit ainsiz.

deplaindre, = L *deplangere,* „schlagen", insbesondere „sich vor Trauer auf irgend einen Teil des Körpers, besonders die Brust oder Arme schlagen", — laut klagen, jammern:

J 1544. Et le soir plore et deplaint soi forment;

desmenter = L * *de-ex-mentare (mens)* „vor Trauer, Schmerz ausser sich sein, sich in seinem Schmerz wie ein Unsinniger geberden":

J 1684—85. El vergier entre, soz un aubre s'assist,
      Dont se demente com uns autres chaitis.

63. Weinen — larmoier, J 1520. 1528. 1780. 2618. 2639; plorer; A 104. 543. 587. 829. 1096. 1251. 1276. 1533. 2041. 2292. 2442. 2579. 2848. 2917. 3053. 3152. 3185. 3233. 3362. 3406; J 1520. 1528. 1780. 2618. 2639.

larmoier = L *lacrimare,* überhaupt „Thränen vergiessen aus irgend einem (auch physischen) Grunde"; plorer = L *plorare,* im bitteren Schmerz laut schluchzend weinen; — „beweinen".

64. Zittern — trambler, J 3697; fremir, A 1540 J 462. 3255.

trambler = L * *tremulare (tremere),* allgemein „zittern, erzittern, beben"; fremir = L *fremere,* eigentlich „rauschen, brausen, summen", bez. dann die das Brausen des Wassers verursachende wellenförmige Bewegung, wodurch man leicht zu der Bedeutung „zittern" gelangte.

Gruppe X.
Verba der Willensthätigkeit.

65. **Befehlen,** — mander, A 795. 1238. 1608. 2804. 3465; J 251. 680. 742. 3807; commander, A 575. 834. 1278. 1393. 1609. 1664. 1853. 1858. 2033. 2175. 2280. 2481. 3253. J 295. 368. 744. 755; rover, A 783. J 2185.

m a n d e r = L *mandare*, ist ein gelindes „befeblen": „Jemandem etwas zur Ausführung a u f t r a g e n, a n b e - f e h l e n", wobei man auf seine Treue und Zuverlässigkeit rechnet; c o m m a n d e r = L *commendare*, hat einen etwas schrofferen Sinn: allgemein „b e f e h l e n, h e i s s e n", den Wunsche oder Willen zu erkennen geben, dass etwas ge- schehe:

> A 1278—79. Et commandas (dex) au baron Abrahant
> Que sacrifice feist de son anfant;

daher auch „anempfehlen, anvertrauen" (J 3941), Gott (J 1778. 4157), dem Teufel (J 2780); r o v e r = L *rogare*, „bitten, befehlen", bezeichnet im A und J ein striktes „Befehlen":

> J 2184—86. „Mauvaise gent haie,
> Qui me rouvez a partir de m'ammie,
> Je nel feroie por a perdre la vie."

66. **Lenken, regieren,** — gouverner, J 2598, justicier, J 345. 550. 2628. avoier, J 2394. 2636.

g o u v e r n e r = L *gubernare,* als Steuermann lenken, wobei der Lenkende im Stande sein muss, drohende Gefahren zu erkennen und abzuwehren; j u s t i c i e r = L **justiiare* von *justus,* setzt voraus, dass der Lenkende sich von den Grund- sätzen der Gerechtigkeit und Billigkeit leiten lässt:

> J 2628. Raurez la terre que devez justicier;

a v o i e r = L **ad-viare* von *via,* „auf den Weg weisen", ist namentlich von der göttlichen Führung gebraucht:

> J 2394. Tost la porroit dammeldex avoier.

Also *gouverner* „umsichtig lenken", *justicier* „richtig und ge- recht leiten", *avoier* „auf den richtigen Weg weisen".

67. **Anstrengen, mühen** — (s')esvertuer; (s')efforser; pener, A 89. 328. J 182. 2115. 3548; traveillier, A 89. 328; J 182. 2115. 2040.

(s')esvertuer, aus L *ex* und *virtus*, und (s')efforser, aus L *ex* und *fortia (fortis)* — werden promiscue gebraucht:

> J 1230. Tant s'esvertue que il au fuist se prant;
> J 1320. Tant m'efforsai qu'a cel chier fust me pring.

Die folgenden: pener = L **poenare* von *poena* „peinigen, bestrafen, büssen, kasteien, — sich Mühe geben, anstrengen" — und traveillier = L **trabiculare (trabs)*, „rollen mit einem Balken, rädern, peinigen, mühen" — sind transitiv und verhalten sich so, dass *pener* auch auf die Seele, den Geist wirkt, während *traveillier* nur die körperliche Anstrengung bezeichnet. Mit Ausnahme der zwei citirten Stellen, aus denen zugleich ihr Unterschied erhellt, kommen sie nur tautologisch verbunden vor:

> J 3549. Por le traiter qui tant l'a fait pener

(Fromont, der über J, da er seine Eltern getötet und ihn von seinem Erbe vertrieben hat, solches Leid verhängt hat):

> J 3039—40. Tant ai ale et le pais cerchie
> Que j'ai le cors moult forment traveillie.

Also *s'esvertuer* und *s'efforcer* bedeuten allgemein „sich anstrengen", *pener* und *traveillier* sind transitiv, ersteres wirkt auf Geist und Körper, letzteres nur auf den Körper.

68. **Versuchen** — tenter, J 2623; essaier, A 260; J 388. 2623; esprover, J 389.

tenter = L *tentare*, von *tendere*, eigentlich „(um-, be-) spannen", betasten, befühlen, die Beschaffenheit einer Sache durch ein „tastendes", vorsichtiges Versuchen prüfen, um darnach sein ferneres Verhalten gegen sie einzurichten; essaier = L **exagiare*, von dem unklassischen **exagium*, das „Wägen, Prüfen" — „versuchen", was man kann, vermag, oder wozu eine Sache tauglich; esprover = L *exprobare* (Comp. mit intensiver Bedeutung), von *probare*, „ausprobieren", — geht mehr auf die Qualität: — ob und bis zu welchem Punkte man auf eine Person rechnen kann. Die beiden letzteren auch = in Versuchung führen:

J 2622—23. Tout ce voz fait Jesucris envoier
Por voz tenter et por voz essaier.

D. Der Verkehr der Menschen untereinander.

a. Im Allgemeinen.

Gruppe XI.

Verba der Äusserung und Mitteilung.

69. **Sprechen** — dire, A 250. 556. 620. 674. 728. 817. 976. 1061. 1593. 1633. 1779. 1947. 2213. 2750. 3326; J 1640. 3074. 3795. 4245; faire, A 719. 1588; J 464; parler, A 103. 112. 183. 460. 558. 610. 746. 1060. 1093. 1102. 1394. 1702. 1703. 1913. 2281. 2480. 2739. 2776. 3270. 3407; J 952. 1522. 3644. 4126; reparler, A 2095; faveller, J 2423; sonner, A 2908. 2918; J 1398; deviser, A 1829. 2948; J 2748. 2890. 3074. 3220. 3577. 3642. 4241; conter, A 556. 817. 887. 1134. 1173. 1589. 2290; conseillier, A 1963.

dire = L *dicere*, dessen Funktionen es noch vollkommen ausübt: „sagen, sprechen, erzählen"; faire = L *facere*, eigentlich „machen", dann „sagen", doch nur im eingeschobenen Satze:

A. 919. „Sire", fait elle, „ne soiez effraez";

parler = grlat. *parabolare*, eigentlich „in Gleichnissen reden", dann allgemein „reden, sprechen"; reparler = L *reparabolare*, „wiedersprechen"; faveller = L *fabellare*, gemütlich plaudern, sich unterhalten in zwangfreier, gemächlicher, zum Zeitvertreib dienender Unterhaltung; sonner = L *sonare*, ertönen, verlauten lassen, — sprechen, immer in der Verbindung „un mot sonner":

A 2918. Ne sot que faire, ne pot un mot sonner;

deviser = L *divisare*, von *dividere*, teilen, zergliedern; genau, bis ins einzelne gehend, auseinandersetzen (cfr. insbesondere J 2743—48); conter = L *computare*, „zusammenzählen", die Einzelheiten einer Begebenheit „aufzählen", „erzählen"; conseillier = L *consiliare*, „raten", dann „sprechen", Jemand etwas „mitteilen" in der Absicht, ihm dadurch einen Rat zu erteilen:

A 1963. Enz an l'oreille a conseillier li prinst.

70. **Rufen** — crier, A 706. 1463. 1536. 2157. 2365. 2378. 2380. 2451. 2569. 3252; J 695. 1099. 3816; escrier, A 90. 404. 1414. 1543. 1556. 1693. 2379; J 197. 943. 1046. 3020; huchier, A 796. 1748. 2215. 2334. 2696; J 58. 1631. 1935. 3022; braire, A 1536; claimer, A 2093 J 1147. 4236; appeller, A 695 718. 747. 781. 810. 815. 872. 881. 1344. 1587. 1610. 1745. 1841. 1846. 1856. 1886. 2069 2111. 2279. 2314. 2356. 2371. 2454. 2509. 2536. 2611. 2627. 2689. 2771. 2991. 3047. 3409; J 285. 532. 532. 1154. 3936.

crier = L *quiritare*, „einen Hülferuf erschallen lassen, laut rufen":

A 706. A sa vois haute commensa a crier;

escrier = L *ex-quiritare(?), oft reflexiv gebraucht, „ausrufen" und auch einfach „rufen", „herbeirufen"*):

A 404—5. Il escria la gent enmi la pree,
Si s'escria a sa vois qu'il ot clere:

huchier = L *hucciare* (v. DC.) von *huc*(?); „herrufen", laut rufen; gleichbedeutend mit *crier:*

A 2334. A son pooir commensa a huchier.

braire = L *bragire, von *bragal* (cymbr.)[?], „Geräusch machen, — schreien, wehklagen"; claimer = L *clamare*, rufen, nennen:

J 1147. Et il se claimme: chaitis maleourez!

appeller = L *appellare*, rufen = heranrufen, anreden mit dem Jemand zukommenden Titel oder Prädikat:

A 695. 801. La gentiz damme a le conte appelle.
A. 872.   Hardre l'appellait on.

---

*) cfr. Zeitschr. für rom. Phil. 1880, 112. Anmerkg.

71. **Begrüssen** — saluer, A 1374. 1509. 1995. 2483; J 3228; conjoir, A 185. 1127.

s a l u e r = L *salutare* (salus, Glück, Heil), Heil wünschen, begrüssen; c o n j o i r = L *con-gaudere*, eigentlich „mitfreuen", die gegenseitige Freude über das Wiedersehen kundgeben; es bezeichnet also einen innigeren, freundschaftlicheren Gruss als saluer.

72. **Anreden** — apeller, A 1150. 2262. 2747; J 2400. 2422; acointier, A 238; amentevoir, A 1029. 1981. 2980. arraisnier, A 324. 453. 500. 611. 2007. 2073. 2172. 2640. 2991. 3313; J 746 1162. 1341.

a p e l l e r = L *appellare*, „anreden, ansprechen", allgemein; a c o i n t i e r = M L *adcognitare*, „bekannt machen, benachrichtigen; Jemand anreden, um ihn von etwas zu benachrichtigen"; a m e n t e v o i r = L **ad - mentem - habere*, ins Gedächtnis zurückrufen; Jemand ansprechen, um ihn an etwas zu erinnern; a r r a i s n i e r und a r r a i s o n n e r = L **ad-rationare (ratio)* „anvernünfteln", Jemand vernünftig, weise anreden (cfr. Rol. Vers 3536).

73. **Fragen** — demander, A 191. 1058. 2460; J 3230. 3422; enquerre, J 3422.

d e m a n d e r = L *demandare*, abfordern (cfr. befehlen Art. 65); daher frz. „fordern, Auskunft verlangen, fragen"; e n q u e r r e = L *in-quaerere*, „hineinforschen", nachforschen, ausforschen, prüfend, untersuchend fragen.

74. **Berichten** — nuncier, A 1924. 3373. 3399; J. 3659. 3777; conter, A 2476. 2582. 2859. 3215. 3264; J 3804. aconter, J 4204; raconter, A 3419; acointier, J 368; deviser, J 3546, 4119; faire certain, J 3041.

n u n c i e r = L *nuntiare*, allgemein verkündigen, melden; c o n t e r = L *computare*, zusammenrechnen, rechnen, zählen, — erzählen im gewöhnlichen Unterhaltungston; a c o n t e r = L **ad-computare*, gleichbedeutend mit conter; r a c o n t e r = L **re-ad-computare* ist wiederholend und verstärkend, „wiedererzählen", mehrmals, genau erzählen, um zu belehren; a c o i n t i e r = L **ad-cognitare (cognitare)*, bekannt machen mit, etwas benachrichtigen (cfr. Art. 72); d e v i s e r = L *di-visare*, bis in's einzelne erzählen; f a i r e c e r t a i n = L *facere certaneum*, eigentlich „Jemand einer Sache sicher machen, vergewissern"; — Jemand sichere Kenntniss von etwas geben (vgl. L *certiorem facere*).

75. **Versichern** — creanter, A 2842; J 330. 1160. 1262: asseurer, J 2656. 2724; avoir en convenant, J 3174; afier, J 303. 1164. 1525. 1635; s'entrafier, A 200; affichier, J 377. 552; fiancier, A 276. 2407; J 108. 554. 1584. 3330; plevir, A 306. 512. 559. 598. 880. 912. 990. 1408. 1783. 2104. 2407. 2883; J 554. 593. 1584. 3330; jurer, A 831. 836. 1408. 1780.

c r e a n t e r = L * *credentare* von *credent(em)*, Jemand etwas versprechen, versichern, indem man auf dessen Glauben baut, üblich in der Verbindung: gel voz di et creant (A 1262. 2842); a s s e u r e r = L * *ad-securare* (von *securus*), „versichern" im Sinne von „vergewissern":

> J 2656—57. Es chascuns d'euls bien li asseura
> Que ja nuls d'euls por riens ne li faudra;

a v o i r e n c o n v e n a n t = L * *habere in convenient(e)* (— *ant[e]*), mit Jemand etwas verabreden:

> J 3174—75. Ja m'euz tu l'autrier en convenant,
> Que me menroiez a mon pere le franc;

a f i e r = L * *ad-fidare*, von *fidus*, etwas versprechen, indem der Versprechende sich auf seine Treue und Redlichkeit (*fides*) beruft:

> J 303—4 Tuit li afient chevalier et borjois
> Quant qu'elle lor demande.
> J 1525. Je voz affi qu'il est de franche geste;

s ' e n t r a f i e r = L * *se inter-fidare*, einander versichern, geloben, ebenfalls auf Treu und Glauben; a f f i c h i e r = L *ad-figicare* (von *figere*), „anheften, durch einen Anschlag bekannt machen", dann „öffentlich vor aller Welt etwas als wahr hinstellen, versichern":

> J 377—78. Or puis bien dire por voir et affichier,
> Qu'a mauvais home ai donne m'ammistie;

fia ncier = L * *fidentiare*, von *fidentia (fidere)*, versprechen, eig. durch den Schwur des Vasallen dem Lehnsherrn gegen- über, „versprechen unter Verpfändung seines Worts, sich ergeben, Treue geloben"*):

A 276—77. Tout orendroit le m'a il fiancie,
Chascun donra quatre chastiax en fie;

plevir, das Bartsch (Zeitschrift für rom. Phil. 1878, 309 f.) auf ein anzusetzendes gothisches * *plaihvan* zurückführt, be- deutet „durch einen Eid versprechen, Jemand seiner Treue versichern"; meist in Verbindungen wie: plevir sa foi, A 306. 512. 880 — sa loiaute A 559; jurer = L *jurare*, „schwö- ren, etwas durch einen Schwur bekräftigen".

76. **Anbieten** — presenter, offrir.

Der von Lafaye für das Neufranzösische angegebene Unterschied:

„On ne présente (= L *praesentare*) que des choses présentes, qu'on met devant les yeux ou sous la main; on offre tout ce qu'on met en avant (de „*ferre*", porter et „*ob*", devant, en avant) tout ce qu'on propose, et, par exemple, des choses absentes, abstraites ou à venir. „Vous présentez un bouquet; vouz offrez des services"

galt im Afrz. noch nicht; vielmehr zeigt sich an den Beleg- stellen im A und J der gegenteilige Gebrauch:

A 1066. Li siens services voz sera presentez.
A 1644. Un anel d'or i a offert le jor.

77. **Bitten** — rover, A 2889. 2910; mander, A 2488. 3465; J 1466. 3514. 3518; demander, A 1145. 2694, J 304; semondre, A 457, J 3831; proier, A. 576. 998. 1618. 2079. 2178. 2186. 2630. 2785. 2895. 3008; J 43. 367. 502. 587. 699. 3025. 3462. 3622. 3831. 4068; deproier, A 715; recla- mer, J 1264; conjurer, A 678. 2892.

rover = L *rogare*, „ersuchen", um eine Gefälligkeit, Wohlthat anhalten; — betteln:

A 2889. Aler rouvant mon pain par abeies;

---

*) Cfr. Tobler, Zeitschr. für rom. Phil. 1881, p. 188.

m a n d e r = L *mandare*, sowohl feierlich, inständig bitten (= *proier*) als auch „Jemand um etwas ersuchen, Jemandem etwas zur Ausführung übertragen" (cfr. Art. 65 „befehlen"):

A 2488.   Par deu voz mande que voz le retenez.

A 3465—66. Li cuens Amiles manda a Belissant
           Qu'elle li gart moult bien son tenement;

d e m a n d e r = L *demandare*, „bitten" mehr im Sinne von „begehren, verlangen, fordern", auch = „betteln":

A 2694. Bienfait demande por deu qui ne menti;

s e m o n d r e = L * *summonere*, „auffordern" im Gefühl seines Rechts oder seiner Macht:

J 3831. Et d'issir fors touz les semont et prie;

p r o i e r = L *precari*, „in der feierlichen Stimmung und Haltung eines Betenden Jemand anrufen" (meist unter Anrufung Gottes und dessen, was dem Menschen heilig ist):

A 998. Et voz proiai por sainte charite.

J 502. Por deu voz proi le glorioux celestre;

d e p r o i e r = L *deprecari*, „durch Bitten etwas Schlimmes von sich abzuwenden suchen, Gnade erflehen":

A 712—15. „Lors l'irai je *) l'emperor conter,
           Si voz fera celle teste coper."
           Entre la damme et le conte au vis cler.
           Andui deproient le traitor Hardre;

r e c l a m e r = L *reclamare*, „anrufen", Jemandes Beistand in der Not:

J 1264—65. Moult doucement va Jesu reclamant
            Que il le maint a droit port sauvement;

c o n j u r e r = L *conjurare*, „beschwören, innig bitten" unter Anrufung alles Heiligen:

A 678. Je te conjur de deu le fil Marie.

78. **Beten** — orer, A 2798. 2820; J 1568. 2437; aourer, J 3528; (faire s'orison, A 3110).

o r e r = L *orare*, „sich in tiefer Ehrfurcht an Jemandes (besonders Gottes) Güte und Gnade bittend wenden" — ist intransitiv: „beten":

A 2798—99. Au matinnet doit on aler o r e r,
            Por le service et la messe escouter;

---

*) Der Verräter Hardre.

aourer = L *adorare* ist transitiv „anbeten, verehren“:

J 3528. Moult devez bien dammelden aourer.

(faire s'orison „sein Gebet verrichten.“)

79. **Einwilligen** — graer, A 2860; agraer, A 2161; otroier, A 596, 603. 1400. 2183. 2187. 2401. 2860, J 87. 592. 796. 1487. 1730. 2366. 3645; consentir A 2251, 3162; acorder, J 4120.

graer = L *gratare* und sein Compos. agraer = L *ad-gratare* von *gratum*, was einem „angenehm“, „nach Willen und Wunsch“ ist; — „etwas für gut befinden, genehm halten, genehmigen“:

A 2859—61. „Se voz osoie ma parole conter
Et voliiez otroier et graer
Se voz volez, bien me poez saner;“

otroier = L *auctoricare* für *auctorare*, „bewilligen, gewähren, gestatten“; consentir = L *consentire*, eigentlich mit Jem. empfinden, mitfühlen, übereinstimmen, ihm beipflichten:

A 596. Compaing serons, sire, se l'otroiez;

acorder = L *accordare* von *cor*, „übereinkommen. übereinstimmen“, auch *reflexiv* „sich über eine Angelegenheit einigen“:

J 4119—21. Assez i ont et dit et devise,
Tant qu'en la fin se sont tuit acorde,
C'on escorchast le traitor prouve.

80. **Verweigern** — refuser, A 481. 697. 1067; J 3359, 3534. 3539; veer, A 744. J 3519.

refuser = L *refusare* (*re-fundere*) bezw. *refutare*, „einen Bittenden zurückweisen“, etwas verweigern:

J 3539. Cest marriaige ne quier ja refuser;

veer = L *vetare*, etwas „verbieten“; — „eine Bitte abschlagen“, „verweigern“:

J 3519—20. Li empereres a fait Jordain mander,
Et il i vient, que ne l'ose veer.

Gruppe XII.

Verba bezüglich auf Handel und Wandel.

81. Bezahlen — paier, J 53; comparer, J 840. 2134. 3763.

paier = L *pacare (pax)*, „zum Frieden bringen", jemand befriedigen, bezahlen; comparer = L *comparare*, „(durch Kauf) beschaffen"; stets als Drohung in der Verbindung: „comparer chier" gebraucht:

J. 840. Se bien nel faites, tost le comparrez chier.

82. Verdienen — desservir, A 1227. 3167; J 605. 650; achater, J. 4211.

desservir = L **de-ex-servire*, „verdienen", nicht allein im guten, sondern auch im bösen Sinne:

A 1227. La mort a desservie;

achater = L ** ad-captare*, erwerben, etwas „erkaufen", durch Mühe, Arbeit, Dienste etc., und folglich etwas „verdienen":

J. 4210—11. Toute ma terre voz soit abandonnee.
Vostre soit lige, bien l'avez achatee.

83. Wiedererlangen — recouvrer, A 2916. 2928. 2940; recevoir, A 3243; rescorre, J 2207.

recouvrer = L *recuperare (recipere)* und recevoir = L *recipere* werden promiscue gebraucht, allgemein „wiedererlangen":

A 2916. Adonc porroie ma sante recouvrer.

A 3243. De ce qu'Amis a receu sante;

rescorre = L **re-ex-cutere*, „wiederdurchschütteln" *(quatere)*, um etwas zufinden, — durch eifriges, genaues Suchen etwas wiedererlangen.

84. Verpfänden — engaigier, A 2648. 2840; ostaigier, A 799; plevir, A 1023.

engaigier = L ** invadiare* vom goth. *vadi* „Pfand" — allgemein „verpfänden". „En vous ,engageant' vous

4

donnez un droit; il est absolument impossible à celui qui
s'est engagé de sortir des liens dans lesquels il se trouve
pris" (Laf.); ostaigier = L *ostagiare, vom ML ostagium,
hostaticum (cfr. DC. s. v.), ein Pfand geben, Bürgschaft
leisten, sich durch Hinterlegung irgend eines Wertgegen-
standes für etwas verbürgen; auch plevir (cfr. „versichern",
Art. 75) wird in der Bedeutung „sein Wort etc. verpfänden"
gebraucht:

A. 1023. Car l'empereres en a sa foi plevie.

85. Schicken — envoier, A 504; trametre, J 1678.
1691. 4183.

envoier = L *in-viare (in viam) „schicken, senden"
(bes. Boten.):

A 504. Il m'en a ci quatre mes envoie;

trametre = L trans-mittere, „hinüberschicken":

J 4183. De Marcasile sui sa a vos tramis.

86. Zeigen — monstrer, A 561. 756. 2165. 2277;
demonstrer, A 1299.

monstrer = L monstrare (von monstrum, Wahrzeichen),
eigentlich „mit dem Finger auf etwas hinweisen", dann aber
auch: „die Mittel oder Wege zeigen", die zur Kenntnis oder
richtigen Behandlung eines Dinges erforderlich sind:

A 2165. Au conte Ami soit la raisons monstree;

demonstrer = L demonstrare, „bezeichnen", nachweisen,
beweisen:

A 1298—99. La voz baisa Judas par boisemant
Por demonstrer de voz connoissement.

87. Führen — mener, A 418. 835. 1174. 1970. 2020.
2098. 2291. 2418. 2456. 2459. 2496. 2512. 2603 2720.
2743. 2749. 2753. 2828. 3186. 3237. 3410. 3449; J. 839.
1077. 2091. 2798. 2799. 2650. 2248. 3428. 4070; amener,
J 1455. 1457; enmener, A 2043. 2398. 2454. 3219; J 1366.
3553; demener, A 2226. 3363; J 4237; conduire, A 160.
2463; J 964. 1138. 2670. 2674. 3591; guider, A 366. 372.
3222; J 191. 1769. 2674. 3140. 3591.

mener = L *minare, drohen, durch Drohungen antreiben, in Bewegung setzen, das Vieh etc.; — hat die ab-

strakteste und allgemeinste Bedeutung: meist räumlich irgend wohin führen, jemand auf geradem Wege nach einem bestimmten Ziel führen, geleiten, wenn er den Weg nicht kennt:

J 839. Iras a pie, si menras mes levriers.
A 835. Isnellement l'ont au monstier mene.
A 2098. mener guerre.

Seine Compos.: amener = L *adminare, „herbeiführen":

J 1457. „Correz i tost, serjant, sel m' amenez":

enmener = L *inde-minare, „wegführen":

A 2041—42. Va s'en Amiles li prouz et li chatainnes,
O lui enmainne la fille Charlemainne.

demener = L *de-minare, nur tropisch: Freude, Trauer „(voll)führen", bekunden:

A 2226. Dex, com grant duel demainnent;

sehr üblich in der Verbindung „demener grant joie"; conduire = L conducere von dux, „Befehlshaber"; — jemand vermöge seiner Autorität, seiner Macht als Herr, Gebietender „führen"; setzt stets das Verhältnis des einsichtsvolleren, sorgfältig leitenden Herrn zu dem seine geringeren Fähigkeiten erkennenden und deshalb zuversichtlich sich der Führung anvertrauenden Untergebenen voraus; im A und J mit der einzigen Ausnahme:

J 2674 u. 3591. Et li vens bons qui les conduist et guie;

von der göttlichen Führung gebraucht:

A 2463. J 964. Dammeldex les conduie!

Guier vom goth. vitan „beobachten, bewachen" — „jemand geleiten, hüten, begleiten, hauptsächlich, um ihm den Weg zu weisen":

A 366 u. 372. Hardres les guie.
J 1769.   Elle le guie par delez un estanc.

„‚Guider' est tout spéculatif, relatif à l'intelligence seule, et marque qu'on l'instruit; ‚conduire' et ‚mener' ont rapport à l'action ou à la volonté qu'on détermine. ‚Guider' sent plus le conseil, ‚conduire' et ‚mener' sentent plus l'autorité" (Lafaye).

b. Im freundlichen Sinne.

Gruppe XIII.

Verba der freundlichen Beziehungen.

88. **Lieben** — amer, J 258. 2350. 3782; enamer, J 3350; tenir chier, J 3782.

a m e r = L *amare*, „lieben"; e n a m e r = L * *in-amare*, verstärkendes Compos.; t e n i r c h i e r = L *tenere carum*, „teuer halten".

89. **Ehren** — honorer, A 555. 1006. 1013. 1632. 2745. 3169. 3226. 3320; J 2931. 3524. 3937; prisier, J 3042.

h o n o r e r = L *honorare*, durch Handlungen und Benehmen einem Anderen Auszeichnung erweisen, „mit einer Ehrenbezeugung (*honor*) auszeichnen":

A 555. Car sa moillier doit on bien honorer;

p r i s i e r = L **pretiare*, v. *pretium*, „Preis, Wert", — jemanden wegen seines Wertes, seiner Tüchtigkeit und Tugend schätzen, werthalten:

J 3042 (Que) ceste damme cui je moult pris et aim.

90. **Danken** — mercier, A 3408; gracier, A 2775. 3085. 3090. 3400; J 2625; rendre merci A 3150; rendre grace, A 3078.

Ihrem Ursprung nach sind: m e r c i e r = L **mercedare* *) d a n k e n für „Lohn", „Sold", aus Höflichkeit für etwas, das einem von rechtswegen zukommt; g r a c i e r = L **gratiare*, von *gratia*, danken für eine „Gunst, Gnade", es dient also zum Ausdruck einer tieferen, innigeren Dankbarkeit für etwas, das man nicht verdient hat. Beide Verba werden an den Belegstellen im A und J gleichbedeutend im Sinne „Gott danken" verwandt:

A 3078. deu prent a mercier;
A 2775. Si gratia Jesu nostre seignor.

---

*) Nach V i s i n g (Zeitschr. für rom. Phil. 1882, S. 381) ist mercier eine direkte Anbildung an *mercit*.

Ganz analog im Gebrauche sind die beiden Verbindungen:
rendre merci und rendre grace = L *reddere mercedem*,
bezw. *gratias*.

91. **Preisen** — loer, A 30. 1045. 1845. 3090. 3414.
J 2572. 2625; prisier, A 266. 278. 381. 394. 398. 801. 951.
2195. 2327. 2716. 3301. 3306; J 70. 825. 2372. 2620;
[aourer, J 176.]

loer = *laudare*, „loben, preisen, rühmen", in Worten
eine Vorzüglichkeit anerkennen; prisier = L **pretiare*,
(cfr. Art. 89 „ehren"), „schätzen, preisen, hochhalten" wegen
seines Wertes; [aourer = L *adorare*, eigentlich „anbeten",
dann „Gott preisen":

J 176. Et dist Reniers: „Dex en soit aourez."]

92. **Belohnen** — merir, J 2647; guerredonner J 4206.

merir = L *mereri, merere*, (v. DC. s. v.), „belohnen,
vergelten, entschädigen", insbesondere das göttl. Belohnen
bezeichnend:

J 2646—47. Moult doucement de deu l'en mercia,
    Qu'il li merisse les biens que fais li a;

guerredonner = L **widar-donare*, aus ahd. *widar* und L
donare, eigentlich „wiedergeben", allgemein „vergelten" sowohl im guten Sinne (= belohnen) als im bösen (= strafen,
rächen):

J 4205—06. La grans amors que voz m'avez monstree,
    Ne porroit pas iestre guerredonnee.

93. **Geben, schenken** — donner, A 432. 532. 2405. 2408.
2489. 2794; J 4240; charger J 2652; baillier, A 435;
J 2653. 2939. 3567.

donner = L *donare*, ist das eigentliche und gewöhnliche Wort; charger = L **carricare* (*carrus*, Karre), „beladen mit Geschenken", also „reichlich geben", cfr. besonders
J 2652 und 3109; baillier = L *bajulare*, „eine Last übertragen", wie das vorhergehende „belohnen mit Geschenken":

J 2652—53. De son avoir moult grant part li charja.
    Et soudoiers jusqu'a vint li bailla.

94. **Helfen** — aidier, A 134. 239. 275. 425. 621. 1381.
1406. 1417. 1965. 2395. 2447. 2647. 2779. 2782; J 45.

483. 829. 1371. 1796. 3459. 3557. 3784. 3870; secorre,
A 2978; J 47. 1371. 2788.

a i d i e r = L *ad-jutare*, Intensiv von *ad-juvare*, „helfen,
u n t e r s t ü t z e n, beistehen, hülfreiche Hand leisten dem-
jenigen, der etwas ausführen will, dessen Wirksamkeit und
Streben also dadurch gefördert wird"; s e c o r r e = L *suc-*
currere, „zu Hülfe eilen", aus der Not helfen:

A 2447. Li cuens i monte et cil l'i ont aide.
J 1371. Qui si m'avez secorre et aidie,
(die Ihr mir zu Hülfe gekommen seid und beigestanden habt.)

95. **Trösten** — conforter, A 2849. 2743. 2815; reconforter, J 2994. 3179.

c o n f o r t e r = L *con-fortare* (*fortis*), „stärken", er-
muntern, trösten. Sein Comp. r e c o n f o r t e r = L* *re-*
confortare, ist wiederholend und verstärkend.

96. **Raten** — conseillier, A 2612; J 3904; donner
conseil, J 3905; deviser, J 3907.

c o n s e i l l i e r = L *consiliare* ist der übliche Ausdruck;
d o n n e r c o n s e i l = L *donare consilium*, „einen Rat erteilen"; d e v i s e r = L *divisare* von *dividere*, Jemand in
einer Angelegenheit durch Eingehen in das Einzelne, durch
eine genaue „Zergliederung" und Abwägung des Für und
Wider einen Rat erteilen, etwas vorschlagen:

J 3904—7. „Biaus nies!" fait il, „bien conseillie m'avez
Foi que doi voz, bon conseil mei donnez.
Or nel lairoie por l'or de dis citez,
Que je ne face quant que voz devisez",

die beiden ersteren bedeuten also einfach „raten", *deviser*
aber „planmässig darlegen".

97. **Belehren** — enseignier, J 846; chastier, A 1625;
J 955. 1771.

e n s e i g n i e r = L *insignare* von *insignis*, „durch ein
Abzeichen kenntlich", eigentlich „kenntlich machen, weisen,
zeigen" den Weg etc. und daher „wissen machen, lehren,
unterrichten":

J 846. Jordains respont, qui bien fu enseigniez;

chastier = L *castigare,* eigentlich „durch Züchtigung belehren, zurechtweisen", dann allgemein „Ratschläge erteilen"‚ namentlich in Bezug auf ein bestimmtes bevorstehendes Ereigniss.

98. **Ermahnen** – amonester, J 3940: enorter, J 3929; ramembrer, A 96. 156. 1091, 3503; J 1516. 1549. 2065.

amonester = L **ad-monestare (monere)**), „Jemand zu etwas raten, zureden, ermahnen etwas zu thun", indem man sich zunächst an seinen Verstand und seine Einsicht wendet; enorter = L *in-hortari,* „aufmuntern, antreiben", indem man sich besonders an das Gefühl und den Willen Jemandes wendet; ramembrer = L ** readmemorare (memor)* „Jemand erinnern, etwas ins Gedächtnis zurückrufen", Jemand an etwas erinnern, um ihn aufzumuntern.

99. **Beschützen, behüten** — garder, A 148. 496. 914. 957. 1338. 2310; J 197. 3942. 3138. 3162. 3442; garantir, J 1696. 1706. 3481; garir, A 1182. 1254. 1319. 1440. 2257. 2752. 2763. 3302. 3466; J 1286. 2000. 2720. 3334; gaitier, J 1897; sauver J 1138.

garder, von ahd. *wartên,* nhd. „warten" = *vigilare, curam habere,* allgemein „hüten, behüten, Acht haben auf":

A 148. Qui gardoit bestes el chemin la amont;

garantir „dauernd schützen behüten", stets ein sorgsames Auge auf Jemand haben:

J 3480—81   C'uns sien parrains qui le norri petit
Le garantit si com je l'ai aprins.

J 1696 (u. 1706). S'or eusce armes por mon cors garantir;

garir vom goth. *varjan,* ahd. *werjan* „wehren" (cfr. „heilen" Art. 45), „in bestimmten, einzelnen Fällen etwas Feindliches, eine drohende Gefahr abwehren":

A 1182. Sainte Susanne garis dou faus tesmoing.

A 1244. Garis mon cors de mort et d'afoler;

gaitier, vom ahd. *wahtên, wahtan* „wachen, auf der Wacht stehen, aufmerksam, mit wachsamem Auge etwas behüten, in Acht nehmen, auf der Hut sein":

J 1897. Or te ferrai, se ne t'i seiz gaitier;

---

*) cfr. Zeitschr. für rom. Phil. 1879, S. 268.

sauver = L *salvare (salvus)* „heil, unverletzt, im Wohlsein erhalten, retten":

J 1138. Dex les conduie qui tout a a sauver;

100. **Beherbergen** — harbergier, A 248. 249. 2223, J 1588. 2044. 3195; osteler, A 2462, J 2726. 3413; (se) loger, J 3700. 3716. 3728.

h a r b e r g i e r von ahd. *heriberga*, „Herberge"; herbergen, einquartieren, namentlich „Jemand beherbergen":

J 1587—88. Et pere et mere me murtrit par pechie
En traison, quant l'orent harbergie;

o s t e l e r = L *hospitalare (hospes)*, herbergen, übernachten:

A 2462. Droit a Montramble sont la nuit ostele;

(se) l o g e r = L *laubiare*, von ahd. *laubja, laube;* — „logieren, wohnen, einkehren, Quartier nehmen, sich lagern, einquartieren, verschanzen":

J 3700. Qui se lojoient defors enmi la pree.

101. **Verteidigen** — deffendre, J 1014. 2723; chalongier, A 1378 1942, J 1001. 3767.

d e f e n d r e = L *defendere*, von *fendere* stossen; „etwas abwehren, gegen eine Gefahr verteidigen":

J 1014. Cil chevalier se deffendent as armes;

c h a l o n g i e r = L *calumniare*, „gegen eine *calumnia*, falsche Anschuldigung, Kabale, auftreten, wegen einer solchen Genugthuung verlangen, Jemand herausfordern oder einen Anderen gegen Tücke verteidigen, Jemandem etwas streitig machen":

A 1378 u. 80. Aucui voldrai ma damme chalongier
Euvers Hardre le cuivert renoie.
J 3767—68. Cestui pais li voil je chalongier
N'i doit avoir fors seul moi heritier.

102. **Befreien** — delivrer, A 608; oster, A 752.

d e l i v r e r = L *deliberare*, allgemein „befreien"; o s t e r, noch nicht ganz aufgeklärten Ursprungs, (= L *haustare*, Freq. von *haurire*, „schöpfen, leeren"?) „frei machen von etwas":

A 752—53. Se voz de ceste ne poez oster
Je voz ferai celle teste coper.

103. **Versöhnen** — paier, J 53; apaier, J 1602; acorder, J 1602; racorder, J 53.

paier = L *pacare (pax)* und sein Comp. apaier = L
*adpacare, bedeuten „in Frieden setzen, in einen friedlichen
Zustand bringen", auch „bändigen"; acorder = L **ad-
cordare (cor)*, „in Uebereinstimmung bringen, vereinbaren,
versöhnen"; sein Comp. racorder = L *re-ad-cordare, „wieder in Uebereinstimmung bringen".

104. Gefallen — plaire, A 432 etc.; agreer, A 534;
J 920. 2529. 4239.

plaire = L *placere*, ist das allgemeine Wort:

A 432. S'il voz plaist;

agreer = L **adgratare (gratum)*, „nach Wunsch, Willen,
angenehm sein":

A 534. Sachiez devoir, c'est ce qui li agree.

A 4239. Mengier i porrent tuit cil cui il agree.

105. Verabschieden — descevrer, A 997. 2122; J 1780.
2520. 2536. 2606. 3585. 4213; (se) departir, A 587. 1096.
2041. 3262, J 467. 2345; prendre congie, J 3566; demander
congie, J 3552.

descevrer = L *de-ex-separare, „trennen, scheiden":

A 997. „Je vos dis bien l'autrier au descevrer";

(se) departir = L *de-partiri*, „sich teilen, trennen":

A 587. Plorant se departirent;

prendre congie = L *prehendere commeatum*, „die Erlaubnis zum Gehen nehmen, Abschied nehmen"; demander congie = L *demandare commeatum*, „um die Erlaubnis
zum Gehen bitten".

106. Umarmen — embracier, A 1927. 3361; acoler,
A 586. 885. 1094. 1163. 1928. 1938. 2040. 2742. 2754.
2965. 3089. 3209. 3224. 3390. 3417; J 555. 4219; s'entracoler, A 179; estraindre, A 180, 181.

embracier = L *imbrachiare von *brachium*, Arm, —
„umarmen", mit den Armen umschlingen; acoler = L **ad-
collare (collum)*, „umhalsen", sich um den Hals fallen, fast
stets in der tautologischen Verbindung: „baisier (= L *ba-
siare, basium*, „küssen") et acoler" A 106. 586. 885. 974.
1094. 1127. 1298. 1928. 1938. 1942. 1949. 1956. 2040.

2293. 2742. 2754 etc.; s'entracoler = L *se *inter-ad-collare*, setzt die Gegenseitigkeit voraus: „sich einander um-halsen"; estraindre = L *ex-stringere*, „fest, stark anziehen, drücken":

A 180. Tant fort se baisent et estraingnent soef.

107. **Heiraten** — espouser, A 488. 676. 1796. 1971. 3333; J 931 2353 3536 3544. 3729; prendre, A 1796. 1974; marier, A 2152. 3537.

espouser = L *sponsare, Frequent. von *spondere*, „heiraten"; prendre = L *prendere (prehendere)* „nehmen", eine Frau:

A 1973—74. Grans noces firent li fil des franches meres
Com li cuens prinst la damme;

marier = L *maritare*, ist transitiv = „verheiraten":

J 3536 – 37. Mon fil Ali li ferai espouser.
Ne la porrez, ce cuit, miex marier.

---

c. Im feindlichen Sinne.

Gruppe XIV.

Verba der feindseligen Beziehungen.

α) Im Allgemeinen.

108. **Betrüben, verdriessen** — desagreer, J 4212; doloir, A 188, 2228; J 246; anuier, A 2347; J 670; grever, A 1659. J 823. 2624; poiser, peser, A 2849; J 226. 1087. 3234; encombrer J 2197; trespanser; irier, J 3766. 3791; airer, J 2952. 3012.

desagreer = L * *de-ex-ad-gratare*, „nicht nach Wunsch, unangenehm sein":

J 4212. Reniers l'oit, forment li desagree;

doloir = L *dolere*, „Schmerz, Trauer fühlen, empfinden"; anuier, wahrscheinlich aus dem lat. Ausdruck *in odio (esse)* entstanden, ist „ärgern, ermüden, langweilen" („dans la solitude, dans toutes les positions où rien n'intéresse, où on regarde tout d'un œil indifférent" Lafaye).

> J 670—71. Tant me solvient ces grans nuis anuier;
> Ceste m'est, lasse! et si corte et si bries;

grever, = L * *gravare* v. *gravis,* „schwer"; — „beschweren", „drücken, Schaden, Unrecht thun, kränken"; poiser, peser = L *pensare* v. *pensum (pendere,* wägen, abwägen); „belasten drücken, niederdrücken, niederschlagen":

> J 3233—34. „Saichiez de voir que morte est la meschinne.
> Forment m'en poise, c'est veritez bien fine";

encombrer = L * *incumulare* (cumulus, Haufe); eigentlich „versperren, verhindern", dann „beschweren, belästigen, bekümmern":

> A 2197. Tant m'a cist maus encombre par pechie;

adoler = L * *ad-dolare (ad-dolere),* „betrüben":

> J 4214. Et sa marinne en est molt adolee;

trespanser = L * *transpensare,* „sich beunruhigen, traurig sein"; irier = L * *irare* v. *ira* und sein Comp. airer = L * *ad-irare;* — bedeuten eigentlich „erzürnt, erbittert sein", doch auch „betrübt, traurig sein"; sie kommen nur im Particip vor:

> J 2952—53. Por son filleul rest forment airez
> Qu'il croit qu'il soit noiez et effondrez.

109. **Wegnehmen** — oster, A 1595. 1599. 1690. 1738. 3260; embler, J 237. 2021. 3733; toldre, J 237. 810. 2847.

oster = L * *haustare* (?), Intensiv von *haurire,* allgemein „wegnehmen", dann „einen Tisch abdecken" (die Speisen wegnehmen A 3260); embler = L *inde-volare* „stehlen" im Sinne von „in die Hand praktizieren"[*), „wegnehmen, rauben"; toldre = L *tollere,* „nehmen, wegnehmen, entreissen":

> J 237—38. Itel seignor m'as tolu et emble
> Que plus amoie c'omme de mere ne. —

toldre la vie J 2847 (cf. tolir lo chief Eulal. V. 22).

110. **Täuschen, Betrügen** — faillir, J 2118; enchanter, A 102. 563. 1001. 3337; J 188. 1024; souduire, A 563. 1001.

---

*) cfr. Rönsch, Itala u. Vulgata, p. 372.

2247; engingnier, J 92. 99. 2170. 3812; agaitier, A 2082. 2085. 2200: boisier, J 110; fausser, A 2855. 3231. 3235; J 3445; mentir, A 1425. 1627. 1733; J 698.

faillir = L *fallire = fallere, allgemein „im Stiche lassen und dadurch hintergehen“:

A 2117—18. Maris et fame ce est toute une chars,
Ne faillir ne se doivent.

enchanter = L incantare, jemand „einsingen“, einschläfern, damit er nicht merkt, nicht auf das achtet, was in seiner Umgebung vorgeht; „hintergehen, betrügen; bezaubern“; souduire = L *subtus-ducere, „unten an etwas ziehen“, in übertragener Bedeutung „durch Ueberredung, Vorspiegelung falscher Thatsachen nach einer Richtung hinziehen“; — dann „von einem (niedriger gelegenen) Ort wegziehen,“ im engeren Sinne „von einem Orte wegziehen, damit man das, was dort geschieht, nicht bemerkt“; engingnier = L *ingeniare (ingenium, verwandt mit gignere, erzeugen), vermittelst des angeborenen Verstandes, Talentes etwas erfinden, aussinnen (eine List etc), Jemand in schlauer Weise vermöge geistiger Ueberlegenheit überlisten. (J 92 u. Rol. 95 besonders zu vergleichen); agaitier, vom ahd. wahtên, wahtan, „wachen“; lauern, aufpassen, Fallen, Schlingen legen, Jemand durch eine Falle, einen Hinterhalt überlisten, fangen. Während die vorhergehenden ein feines, listiges Betrügen bezeichnen, ist: boisier = L *bausiare v. ML. bausia, Täuschung, Betrug (verwandt mit unserm „böse“?), von noch nicht ganz aufgehelltem Ursprunge — „offen betrügen, in schurkischer Weise täuschen“; — untreu werden, die Treue brechen, verraten:

J 110. Com li cuivert ont lor seignor boisie;

fausser = L *falsare (v. DC.) v. falsus, falsch; „etwas entstellen, nicht ganz der Wahrheit gemäss erzählen, eine Begebenheit falsch darstellen“; mentir = L mentiri, Unwahres sagen, lügen, fälschlich vorgeben, täuschen:

A 1425. „Glouz“, dist li cuens, „voz i avez menti.“

111. Misshandeln, kränken — mesaasmer, J 993; malmener, J 929; malbaillir, J 582; malmetre, A 804; mal-
traire, J 516; empirier, J 567; laidengier, J 863. 3286; pener,
A 2932, J 631; mehaingnier, A 804; vergoingnier, J 93;
escorchier, J 3772. 4121. 4130.

mesaasmer = L *mis-aestimare*, „missachten“, „lieb-
los, hart, entwürdigend behandeln“; malmener = L *male-
minare (für *minari* „drohen“) [cfr. DC. s. v. *minare*],
„durch Drohungen reizen, antreiben, führen“ — „quälen,
kränken“; malbaillir = L *male-*bajulire*, — „eine
schwere Last aufbürden“, „misshandeln“; (laidement baillir
J 2216). Den Bedeutungswechsel erklären die Verse des
Rolandsliedes:

2349. Il n'en est dreiz que paiens te baillisent;
und
453. Dist l'Algalifes mal nos avez baillit.

malmetre = L *male - mittere*, „übelzusetzen“; mal-
traire = L *male - trahere*, „übel-ziehen“. Alle diese
mit *male* gebildeten Synonyma berühren sich sehr nah in
ihrer Bedeutung und haben den allgemeinen Sinn: „ein
Übel, Leid zufügen, schlecht, übel behandeln“; empirier
= L *impejorare*, „verschlimmern“, „Jemand schaden“.
Die folgenden bezeichnen insbesondere „körperlich misshandeln“ und berühren sich somit mit den unter γ 3. a
dieser Gruppe angeführten; laidengier vom ahd. *laidjan*
(*leid*), sowohl „beleidigen, Unrecht thun“, als auch „körperlich verletzen“:

J 863. Moult l'avez ores batu et laidengie;

pener = L *poenare*, von *poena* „Strafe“, eigentlich „strafen“
und daher „peinigen, martern“:

J 631. Car pleust deu qui en crois fu penez;

mehaingnier, nicht ganz sicheren Ursprungs [ob es aus
einer Zusammensetzung von ahd. *man* (Mensch) und *ham-
jan* (verstümmeln) entstanden ist? — „Jemand so verletzen,
dass ein körperlicher Fehler entsteht — verstümmeln“];
vergoingnier = L *verecundiari*, von *verecundia*, „Züchtig-

keit, Ehrbarkeit" — „mit Schmach und Schande bedecken,
schänden, verstümmeln":

J 93. Que je le puisse de son cors vergoingnier;

escorchier = L *escorticare (von cortex, „äussere Rinde,
Schale") — „abziehen, schinden":

J 4130. Escorchie l'ont comme buef escorne.

112. Schänden — honnir, A 1211. 1256. 1321. 1393.
1629. 1732. 2189; J 3994; vergoingnier, vergonder, J 1936.
3451; laidir, A 1136.

honnir, vom goth. „haunjan", unserm „höhnen",
„schänden, entehren, mit Schmach bedecken":

A 2189. Dex la honisse li peres gloriouz.

A 1210—11. Si me leva mon hermin pelison
Honnir me volt;

vergoingnier und vergonder (cfr. vor. Art.), „mit
Schande bedecken":

A 3451. Qui la pucelle voloient vergoingnier.

A 730. Li cuens Amiles ta fille a vergondee.

laidir von ahd. laidjan, „zu Leide thun", (cfr. vor. Art.):

A 1136. Samblant faisait que la volsist laidir.

Im Sinne „ein Mädchen entehren" werden diese Synonyma
also promiscue verwandt.

β. Verba der Äusserung feindseliger Gedanken.

113. Tadeln — chastoier, A 2202; blasmer, A 742.

chastoier = L castigare, zum Zweck sittlicher Besse-
rung mit Worten zurechtweisen (oder thätlich züchtigen) —
daher auch die Bedeutung „belehren" (s. diesen Art. 97);
blasmer = *blasphemare (von βλασφημεῖν) „lästern", hat
die Bedeutung „einen Vorwurf machen, einen Verweis
erteilen, ohne die Absicht, den Fehlenden sittlich zu bes-
sern".

114. Anklagen — encuser, A 720. 756. 987. 1009.
1035. 1616; desraisnier.

encuser = L incusare († causa), ist der gewöhnliche
Ausdruck für „anklagen, beschuldigen"; desraisnier = L
*de-ex-rationare (ratio), eine Anklage gegen Jemand erheben

auf Grund von Thatsachen und Verdachtsgründen, refl. aber auch durch Gründe und Thatsachen eine Anklage als falsch beweisen, „sich rechtfertigen":

J 912—13. Qu'il m'engendra en la vostre moillier;
  S'or ne s'en weult ma mere desraisnier.

[Cfr. Chevalier au Lyon, (ed. Holland, Hann. 1880) Vers 1758.]

115. **Verspotten** — escharnir, A 1628; ramponer, A 1570; gaber, J 1028. 1032. 1396.

escharnir, vom ahd. *skernôn*, Jemand verspotten, zum Besten haben; ramponer, vom ahd. *reffan*, nhd. „raffen"; Jemand „zerren, zupfen", um ihn zu ärgern; gaber, vom nord. *gabba*, „täuschen, verführen", woraus sich leicht die Bedeutung „scherzen" (siehe Art. 58), „spassen", Jemand „Jemand aufziehen" bildete:

J 1028. 1396. Cil chevalier le prennent a gaber.

116. **Streiten** (mit Worten) — tencer, A 421. 423. 2661; J 909; mesler, A 2144; plaidier, A 2664; J 725. 1810.

tencer = L *tentiare* (*tendere*), eine Meinung aufrechterhalten, für dieselbe streiten; mesler = L *misculare*, (*miscere*), „mischen", „sich einlassen, in Streit geraten"; plaidier = L *placitare*, „plaidiren", „rechten, prozessieren".

γ. Verba des Krieges, Kampfes.

1) des Kampfes:

117. **Kämpfen** — combatre, A 774. 994. 1016. 1583. 2010; J 3891; guerroier, A 2467; J 1818. 2922; ostoier, J 2923; jouster, J 660. 3984; luitier, J 661; contralier, A 663; J 366.

combatre = L *con-batt(u)ere*, allgemein mit einander kämpfen, streiten im Gefecht, in der Schlacht; bekämpfen; guerroier = L *werri-care* „bekriegen"; ostoier = L *hosticare*, „einen Feind, ein Heer bekämpfen"; jouster = L *juxtare* (Wurzel: *jug, jungere*), eigentlich „sich vereinigen, versammeln, dann sich treffen, besonders im Turnier, im Kampfe" (vergl. nfrz. rencontre); luitier = L *luctari*,

„ringend kämpfen", „ringen um den Sieg (auch bildlich) in einem kurzen, oder auch in einem langem, anhaltendem Kampfe"; contralier = L *contrariare (contra)* allgemein „entgegen sein, anderer Meinung sein, widersprechen, kämpfen" namentlich mit Worten, doch auch mit Waffen.

118. **Angreifen** — envair, J 4001. 4003; assaillir, A 375; J 247. 1308. 2486. 2697. 3684. 3911.

envair = L *invadere*, „auf etwas losgehen", — „jemand angreifen"; assaillir = assalire (saltus Sprung) „hinan-springen", ist stärker als envair: „im Sturm angreifen".

119. **Besiegen** — veintre, A 721. 1402. 1411. 1529; sormonter, A 2083; mater, A 698. 739. 762. 1586; J 3651; desbarreter, J 3827. 3895; faire plaisir, J 2928; con-querre, A 197. 2551; J 1871.

veintre = L *vincere* setzt die Anwendung von Gewalt gegen Gewalt, einen Kampf gegen einen sich verteidigenden Feind voraus; „siegen, gewinnen, die Oberhand erlangen, überwinden"; sormonter = L *supermontare (mons, Berg), setzt die Anwendung von Gewalt gegen etwas passiv sich Verhaltendes, das uns im Wege ist, uns am Fortkommen hindert, voraus (cfr. Lafaye) — „ein Hindernis überwinden"; mater vielleicht (?) von *mat* aus dem persischen Ausdruck „schach mat" („der König ist tot"), also eigentlich im Schach-spiel „matt setzen", jemand im Schachspiel „besiegen", und dann in erweiterter Bedeutung „jemand so zusetzen, dass er matt, ganz wehrlos gemacht ist, nicht ein und aus kann"; „besiegen besonders unter Anwendung von List und Schlauheit":

J 698. Par bel engaing voz ai prins et mate;

desbarreter, von noch unklarer Etymologie — „täuschen, überlisten, überfallen, ein Heer durch List, Hinterhalt in Verwirrung bringen, besiegen":

J 3895. Se bien le faitez, s'ierent desbarrete;

faire plaisir, v. L *plexus* (plectere), „beugen machen", „niederwerfen, zähmen, unterwerfen":

J 2628. Que touz li font ses enemis plaisier;

conquerre = L *con-quaerere, eigentlich „zusammensuchen",
hat neben seiner eigentlichen Bedeutung „erwerben, erobern" auch den Sinn „besiegen", sehr häufig einen einzelnen Mann:

J 1871. Se par tes armes seulement le conquiers.

2) der Flucht und der Verfolgung.

a) der Flucht.

120. **Weichen** — reculer, J 3989. 4040; guenchir,
A 1123, J. 3989. 3999.

reculer = L *reculare v. culus, „rückwärts gehen,
zurückweichen". An beiden Belegstellen mit dem folgenden
tautologisch verb.: guenchir, dunkler Herkunft, vom
ahd. „welk"? „wanken".

121. **Fliehen** — fuir, J 3995. 3997; resortir, J 3991;
torner en fuie, A 2255. 4071; eschiver, J 4060.

fuir = L fugere, der allgemeine Ausdruck; resortir
= L *resortiri (?), „(wieder) heraustreten", „die Reihen
verlassen, fliehen"; torner en fuie = L tornare in fugi-
tum, „sich zur Flucht wenden", „die Flucht ergreifen";
eschiver, v. ahd. sciuhan, „scheuen", „behend ausweichen,
schnell entfliehen".

122. **Entwischen, entweichen** — s'enfuir, J 1181;
eschaper, A 352. 1364; J 486. 736. 1175. 2178. 3931;
estordre, A 1038. 1331. 2809; J 2149. 2716;

s'enfuir = L se inde fugere, ist der eig. und allg.
Ausdruck; eschaper = L *excappare von cappa, „Mantel, aus dem Mantel herausschlüpfen"; estordre = L ex-
torquere, „herausdrehen, — winden, entschlüpfen".

b) der Verfolgung.

123. **Verfolgen** — sivre, J 1113. 1637; enchacier, J 124.
891 1637. 1982. 2101; porchacier, J 959.

sivre = L *sequere für sequi, „folgen, hinter einem
hergehen", mehr „folgen" als „verfolgen"; enchacier =
L * incaptiare (?), „jagen, nachlaufen, zu erfassen suchen";

porchacier = L *percaptiare (?), „durchjagen, gierig nachjagen (pourchasser), abhetzend verfolgen".

124. Verjagen — chacier, J 1577. 2056. 3761; escillier, J 916. 3762.

chacier, = L * captiare (?), allg. „jagen, verjagen"; escillier = L * exiliare (exilium), „verbannen".

c) der Gefangennahme.

125. Einkerkern — emprisonner, J 2895. 4089; enserrer, J 3294; en chartre gieter, J 2897; en prison metre, J 2901.

emprisonner = L *in-prensionare, „einkerkern, ins Gefängniss (prison) werfen"; enserrer.=L inserare (von sera Thürriegel, Knüpfband) „hineinstecken, einschliessen", „hinter Schloss und Riegel bringen". Dann wird dieser Begriff ausgedrückt durch die Verbindungen: en chartre gieter = L in carcerem (e)jectare, „in den Kerker werfen", — und: en prison metre = L in prensionem mittere „ins Gefängniss schicken".

3) des Verwundens und Tötens.

a) des Verwundens.

126. Verwunden — blecier, J 1146. 1715; nafrer, J 1146. 2157. 2158. 2754; ferir, J 2158; (malmetre, J 1715).

blecier, nach Scheler vom ahd. bletzen, „in Stücke schlagen" (nach Diez vom nord. bletta); nafrer, vom deutschen „Narbe" (cfr. G. Pariş in der Rom. I. 216), „mit einem Speer verwunden"; ferir = L ferire, „zerschlagen":

J 2157—58. Que mers ne sueffre arme qui navre fust,
Qui en cors soit ne navrez ne ferus.

malmetre, sowie die meisten unter „misshandeln" (Art. 111) angeführten Synonyma berühren sich in ihrer Bedeutung mit den unter dieser Nummer befindlichen.

127. Durchbohren — fendre, J 950; perfendre, J 980. 2778; percier, A 1304. 1348. 1363; estroer, A 1348. 1363.

fendre = L findere, „spalten", „nach seinem natürlichen Gefüge etwas in zwei Teile trennen"; porfendre = L

per-findere, „durchspalten, durchbohren“; p e r c i e r aus L *per*,
wie avancier aus avant resp. *ab ante*; „durch“-bohren,
durchstossen; e s t r o e r, von *trou* gebildet, „durchlöchern“
(cfr. Rol. 2157).

b) des Tötens.

128. **Töten** — tuer, A 2242. 2269. 2930; J 749; ocirre,
A 230. 303. 307. 390. 929. 1170. 1338. 1672. 1729. 1902.
2358. 2921. 2985. 2995. 3024. 3072. 3155. 3156; J 77. 187.
386. 586. 749. 2487. 3820. 3958; mourir, A 995. 1945.
2669; J 2539; toldre la vie, A 619; J 2847. 3846; livrer
a mort, J 1952. 3613; decoler, A 2805. 2913. 3051. 3230.
3245; afoler, A 351. 1254. 1338 1906. 2752. 2921. 2926
J 3958. 4084; murtrir, J 1587; estraingler, J 187; destruire,
J 4084.

t u e r = L *tutare*, (cfr. Diez s. v.) eigentlich „das Feuer
vor der Luft beschützen“, d. h. auslöschen, woraus die Bedeutung „das Lebenslicht ausblasen, töten“ entsprang;
o c i r r e = L *occidere* (*ob-caedere*), „zu Boden schlagen“,
fällen; „töten“ meist in offenem, ehrlichem Kampf; m o u r i r
= L *morire*, eigentlich „sterben“, dah. auch „zum Sterben
bringen“; (faire morir J 3998):

A 1945. „Je voz ai mort Hardre vostre anemi“;
t o l d r e l a v i e = L *tollere* (*illam*) *vitam*, „das Leben nehmen“; l i v r e r a m o r t, „dem Tode überliefern“. Diese Verba
bezeichnen den allgemeinen Begriff ohne Nebenbedeutung,
die folgenden die Art und Weise des (meist grausamen) Tötens;
d e c o l e r = L *decollare* (*collum*, Hals), „enthalsen, den
Hals abschneiden“, es bezeichnet an allen Belegstellen das
„töten“ der Kinder des Amiles seitens ihres Vaters; a f o l e r
= L *ad-fullare* (?) (von *fullo-onis*), „niederstampfen, misshandeln, verstümmeln, hinmorden“; m u r t r i r, vom goth.
maurthrjan (unserm „morden“), — „ermorden“; e s t r a i n g -
l e r = L *exstringulare* (*stringere*), „straff anziehen, zusam-
menschnüren“ (die Kehle), „erwürgen“; sodann wird auch im
Sinne „töten“ gebraucht: d e s t r u i r e = L *de-struere*, „niederreissen, zu Grunde richten, vernichten“.

129. Enthaupten — decoler, J 2590; detranchier, J 371. 387; toldre le chief, J 3039; sevrer le chief dou bus, J 2587.

decoler, siehe vorhergehende Nummer, „enthalsen"; detranchier, von noch unklarer Etymologie, (vom lat. *trans*?), „zerhauen". Ferner die Verbindungen: toldre le chief, „den Kopf abnehmen" — und sevrer le chief dou bus, „den Kopf vom Rumpfe trennen".

130. Ertränken — noier, J 2953; effondrer, J 2953.

noier = L *necare*, dessen ursprüngliche allg. Bedeutung „töten, meist ohne Waffen und Blutvergiessen" — sich einschränkte in „ertränken"; effondrer = L *in-fundare* von *fundus*, Grund, Boden — „auf den Boden senken, ins Wasser tauchen":

J 2952—53. Por son filleul rest forment airez,
   Qu'il croit qu'il soit noiez et effondrez.

131. Verbrennen — ardoir, A 648. 1248. 1275. 2174; J 297. 3793; graeillier, J 297. 3793.

ardoir = L *ardere*, „brennen, verbrennen", sowohl vom Feuer (A 1248), Leuchter (A 648) etc. als auch bildlich — vom menschlichen Körper: J 297. 3793; graeillier = L *craticulare* (*craticula*), rösten, „braten, versengen":

J 3793. Qu'il ne voz face ardoir et graeillier.

4) der Eroberung und Verwüstung.

132. Erobern — conquerre, A. 197. 2551; conquester, J 3121. 3557.

conquerre = L *con-quaerere*, „zusammensuchen", zusammenscharren, erobern. Gleichbedeutend ist das Frequentativ: conquester = L *con-quaesitare*, „ein Land etc. erobern".

133. Verwüsten = gaster, A 937. 938; pesoier, A 938.

gaster = L *vastare*, „leer, öde machen, verheeren, verwüsten"; pesoier = L *petiare* (vom kelt. *peth*, Stück?), „zerstückeln", „zertrümmern":

A 937—38. De l'autre part ot un gaste monstier.
   Tuit sont li mur gaste et pesoie.

134. **Vernichten** = confondre, A 463; cravanter, J 1607; escillier, A 3397; destruire, A 1750. 2131. 2168; J 153. 1694. 2904.

confondre = L *confundere*, eig. „zusammengiessen", zusammenschlagen, sodass die Form zerstört wird, „etwas vollständig zu Nichte machen":

A 462—63. Je vi Hardre la grant presse desrompre,
Brisier sa lance, ses annemis confondre;

cravanter = L *crepantare (*crepare*), bei dessen Bildung man das beim Zerstören, Zusammenschlagen entstehende Geräusch ins Auge fasste; also krachend, mit lautem Getöse „zerschmettern":

J 1607. Fromons l'ocist, cui dammeldex cravant;

escillier = L *exiliare (*exilium*), eig. „verbannen"; da die Habe eines Verbannten meist der Plünderung und Zerstörung anheim fiel, so entsprang hieraus die Bedeutung „zerstören, zu Grunde richten" (cfr. Art. 124 „verjagen"):

A 3396—97. Cuida ce fust Charlemaine au vis fier
Qui fust venuz sa cite escillier;

destruire = L *destruere*, „niederreissen"; „détruire", c'est ôter violemment l'existence à quelque chose qui fait corps, qui est organisé ou forme un système, en dérangeant l'économie de ses parties, en rompant leurs rapports de manière que la chose perde sa forme et par conséquent ne subsiste plus" (Lafaye):

J 1694. Par lui sera destruis touz cis pais.

Index.*)

*) Die Zahlen bezeichnen die betr. Artikelnummern.

mourir 5. 128.
se movoir 31.
muer 12.
murtrir 128.

Nafrer 126.
naiger 29.
noier 130.
norrir 42.
nuncier 74.

Ocirre 128.
offrir 76.
orer 78.
ostaigier 84.
osteler 100.
oster 47. 102. 109.
ostoier 117.
otroier 79.
ouir 51.
ouvrir 19.

Paier 81.
panser 54.
parer 48·
parler 69.
partir 31.
passer 4. 26.
pendre 17.
pener 67. 111.
percevoir 53.
percier 127.
perfendre 127.
perir 5.
peser 108.
pesoier 133.
plaidier 116.
plaire 104.
plaisier 119.
plevir 84.
plorer 63.
poindre 9.

poiser 108.
porchacier 123.
porpanser 54.
porquerre 57.
prendre 1. 7. 107.
prendre arrestement
28.
prendre congie 105.
prendre fin 28.
presenter 76.
prisier 89. 91.
proier 77.

Quasser 11.
querre 57.

Rabatre 8.
raconter 74.
racorder 103.
radouber 49.
raemplir 22.
raler 25.
ramembrer 98.
ramponer 115.
randonner 27.
recevoir 83.
reclamer 77.
reconforter 95.
recoper 10.
recouvrer 83.
reculer 120.
redouter 59.
redrescier 16.
referir 8.
refuser 80.
regarder 52.
regnier 2.
relever 15.
remanoir 2.
rendre grace 90.
rendre merci 90.
se renpoindre 30.

repairier 36.
reparler 69.
requerre 57.
rescorre 83.
resordre 16.
resortir 121.
respasser 41.
respiter 28.
resusciter 16.
resvigourer 41.
retorner 36.
revenir 36.
revertir 36.
revestir 46.
rompre 11.
rover 65. 77.

Saichier 13.
saisir 7.
saluer 71.
saner 45.
saouler 44.
sauver 99.
secorre 94.
sejorner 28.
semondre 77.
serrer 20. 21.
sevrer le chief du
bus 129.
sivre 123.
sonner 69.
sormonter 119.
sortir 32.
souduire 110.
souffrir 40.
souper 43.
souzpirer 62.
sozlever 15.
sygler 29.

Taillier 10.
targier 28.

Inhalt.